YAMAKAWA LECTURES
10

パトリック・コルベ

中世ヨーロッパの妃たち

もくじ

REINES ET PRINCESSES DE L'EUROPE MÉDIÉVALE

par PATRICK CORBET

SOMMAIRE

パトリック・コルベと中世ドイツ・フランス女性史研究

堀越宏一

一．フランス史とドイツ史のはざまで

フランスのロレーヌ大学名誉教授パトリック・コルベの名前は、わが国の歴史専門家の間で、必ずしもよく知られているというわけではない。その理由のひとつは、彼が、中世ドイツ史を専門とするフランス人歴史家だということにある。

ヨーロッパ諸国は、十九世紀以来の伝統として、日仏会館やゲーテ・インスティトゥートのように、外国の主要都市に文化活動の出先機関を置いている。パリにあるドイツ歴史研究所もまたそのひとつであり、その機関誌である『フランキア *Francia*』は、ヨーロッパ史に関する有数の歴史研究雑誌である。コルベ教授の博士論文は、『オットー朝の聖人

たち――紀元千年の王朝の聖性、国王の聖性、女性の聖性』として、この『フランキア』別冊第一五巻として、一九八六年に刊行されたのだが、それは、ドイツ史についてフランス語で書かれた最初の『フランキア』別冊となった[1]。

独仏間の言語の障壁は、私たちが想像する以上に高い。フランス人歴史家のなかで、ドイツ語文献を読みこなせる研究者は、マルク・ブロック以来、比較史研究が可能であるという点で有利だった。この点で、ドイツに近いフランス・ロレーヌ地方の中心大学であるロレーヌ大学の、ジャン・シュネーデル、ミシェル・ビュールからコルベ教授に至る学統は明らかに際立っている。それに加えて、しばしば難解な文章や言葉遣いに傾きがちなフランスの歴史叙述の技法に対して、史料から分かることがらを淡々と並べて証明に至る、明晰な論理性を重視することも彼らの特徴である。

しかし、フランス人でありながら中世ドイツ史を研究する研究者のマイノリティは否定しがたい。同時に、フランス人研究者として、コルベ教授が自国の歴史に対する関心をもつのもまた当然のことである。こうして、コルベ教授の独仏にまたがる一連の研究が生み出されていった。

二．パトリック・コルベ教授の業績

コルベ教授は、一九五〇年にオート・マルヌ県ピュエルモンティエ村に生まれた。シャンパーニュ地方東部に位置しながら、ほとんどロレーヌ地方に接している境界地域に位置する村で、教授の父はその村長だったと聞いている。西隣のランティーユ村には、フランスでは珍しい木造の教区聖堂（十六世紀）が現存し、また東隣には、七世紀創建のモンティエ・アン・デール修道院が所在した同名の村があるという、歴史を意識せざるを得ないような環境だった。一九九八年十月には、教授の主催によって、同修道院に由来する村の聖堂で、「デール地方の修道士　六七二〜一七九〇年」という国際学会が開かれている。この時には、当時、九州大学経済学部を退官後、久留米大学比較文化研究所教授だった森本芳樹が、部会の司会を見事に務められると同時に、同修道院由来のカロリング期の所領明細帳に関する報告を行っている[2]。

コルベ教授は、一九七八年からナンシー第二大学（一九九九年からロレーヌ大学）で大学人として職務を積み重ね、二〇一七年の定年を経て今に至っている。シャンパーニュ地方に加えて、ロレーヌ地方という、フランス東北部に対する深い愛着が生ずる所以であろう。二〇一八〜一九年には、アカデミー・ド・スタニスラス（十八世紀創設の旧ロレーヌ公国の学士院）院長、さらに、二〇一六年からはフランス学士院の碑文文芸アカデミー通信会員（＝準会員）の職責も果たされている。

着実な研究業績とともに、学術行政上の重責を担われていた教授が、その頂点にあたるような時期であった二〇一六年三月、日本学術振興会外国人研究者招へい事業の援助を受けて、一六日間に及ぶコルベ教授の日本滞在が実現した。本書に収められた三つの講演は、いずれもその機会に、第一講演は九州大学、第二講演は京都大学と東京大学、第三講演は青山学院大学において、それぞれ行われたものである。

コルベ教授の研究の内容は、以下のような四つの研究分野に分類できる。⑴ドイツ・オットー朝期の皇帝一族の女性史、⑵フランス東北部の中世女性史ならびに教会史、特に聖人伝と聖人崇拝、⑶教会法における近親婚禁止、⑷フランス東北部における教会建築とその装飾である。そのうちの教会建築・美術史を除いた三つのテーマに即して講演が行われたのだった。

三. 第一講演と『オットー朝の聖人たち——紀元千年の王朝の聖性、国王の聖性、女性の聖性』

前述のように、コルベ教授の博士論文は、一九八四年の審査の二年後に『オットー朝の聖人たち』として公刊された。そこでは、リーウドルフ(八六六年没)を始祖として、その孫ハインリヒ一世の国王登位に始まるオットー朝(九一九～一〇二四年。ザクセン朝とも呼ばれる)の王族に現れた聖人たちに関して、彼らについて書かれた聖人伝を主要史料として、キリスト教の聖性がこの王朝にもたらした影響とその背景が考察されている。この内容が、第一講演である「オットー朝皇帝一族における家族関係」の背景になっているので、最初にまず、この書物の内容を紹介しておこう。

オットー朝の国家体制は、一般に「教会国家」と呼ばれている。これは、カロリング朝フランク王国に始まるもので、世俗国家独自の統治体制がいまだ未確立な状況下において、ローマ・カトリック教会の組織と聖職者をほぼ全面的に利用して統治を行うという国家体制である[3]。古代ローマ末期以来、修道院を中心として、教会の社会全体に及ぼす影響がとりわけ色濃い時代にかなった統治のあり方だったともいえる。加えて、オットー朝からザーリアー朝初期のドイツ国王には、単に教会を利用するというだけではなく、信仰心という点でも際立つものがあった。

ことにオットー朝は、国王と王妃とその直系親族から実に八名もの聖人を輩出している点で、他の王家に見られないキリスト教的聖性に満ちあふれている。その列聖の動きは、オットー一世の皇帝戴冠（九六二年）の前後から始まり、ハインリヒ二世治世の一〇一〇年頃まで続くが、単なる血統や王家により創設された修道院などの後ろ盾以上に、あくまで個々人の事績や資質によっていた。もっとも、個別の事例を検討すると、それぞれの列聖に固有の社会的背景があったことは否定できない。

ただ、八人の聖人のうち、オットー朝最後の国王ハインリヒ二世とその妃クニグンデについては、この著作の考察の対象から外されている。それは、この国王夫妻の聖性が、十二世紀に教皇庁が主導する形で生まれたという点で、それ以前に見られたオットー朝一族の聖性という性格からは逸脱しているためである。

この国王夫妻については、修道院的禁欲に徹するあまり子孫を残さず、その結果、オットー朝は断絶し、その女系親族にあたるザーリアー朝に王位が移ったことも知られている。そのような彼らの振舞いが、世俗の人々の婚姻にも厳格な性的モラルを求めるという、その後のグレゴリウス改革への道すじをつくったことは疑いないのだが、その意味でも、この国王夫妻の振舞いはオットー朝以後の時代と結びつけて考えられるべきであろう。

残る六名の聖人のうち、ケルン大司教ブルーノ（オットー一世の末弟）の聖性に関しては、当時の司教一般に対する聖性崇拝に位置づけられることや、彼に対する崇拝が十二世紀半ばまで遅れ、かつその埋葬地であるケルンの聖パンタレオン修道院に限定されていたことなどから、これもまた考察の脇に退けられている。

残る五名はいずれも女性であり、王家の始祖リーウドリフの妃オーダ、その娘にして初代ブルンスハウゼン女子修道院長であったハトゥモーダ[4]、初代国王ハインリヒ一世妃マティルデ、二代目オットー一世の二人の妃エディットとアーデルハイトである。

このうち、オーダ、ハトゥモーダとエディットについては、歴史的情報も少なく、彼女たちに対する崇拝も短期的なものに留まった。これに対して、ハインリヒ一世妃マティルデとオットー一世の二番目の妃アーデルハイトに関しては、史料も豊富で、この著作の考察の中心となっている。

まず、ハインリヒ一世妃マティルデ、むしろ聖女マティルデと呼ぶべき女性については、コルヴァイのヴィドゥキント『ザクセン人の事績』とメールゼブルク司教ティートマル『年代記』[5]、作者不明の新旧二つの聖人伝が残されているが、とりわけ重要なのは一〇〇二年頃に書かれた『第二聖人伝』である[6]。コルベ教授は、これをオットー朝聖人伝の傑作と評して、著書全体の頁数の四割以上をその分析に割いている。

オットー朝にとってのマティルデの寄与は極めて大きい。彼女の五代前の先祖には、カール大帝と戦って敗れたザクセンの英雄ヴィドゥキントがおり、マティルデを介して、その栄光の血脈がオットー朝にも伝えられた点がまず重要である。さらに、彼女が生んだ息子三人と娘二人もまた、十世紀ドイツ史の中心人物だった。その第一子オットー（一世）はいうまでもなく、彼女がもっとも愛した次男ハインリヒはバイエルン公となり、三男は、前述のケルン大司教ブルーノである。長女ゲルベルガは西フランク王国最後の国王ルイ四世妃となり、次女ハトヴィヒはフランキア公ユーグ妃となり、カペー朝始祖となるユーグ・カペーを生んだ。この書物に序文を寄せたミシェル・ビュールは、「ヨーロッパの祖母」と呼ばれたヴィクトリア女王に比して、ハインリヒ一世を指して「ヨーロッパの祖父」と呼んでいるが[7]、むしろ、「オットー朝の母」ともいうべきマティルデこそ、「ヨーロッパの祖母」に擬すべきかもしれない。マティルデについては、ガンダースハイム女子修道院と競うようにして、息子オットー一世が創建したクヴェトリーンブルク女子修道院の第二代修道院長となり、これを一族の精神的な中心としたことも見逃せない。

オットー一世（の二番目の）妃である聖女アーデルハイトについての情報も多く、クリュニー修道院長オディロンによって、九九九年の彼女の没後まもなく執筆された『皇妃アーデルハイトの墓碑銘』が中心となる史料である。[8] それは同じようにオットー一世の（最初の）妃であり、列聖もされたエディットについて、ティートマル『年代記』のわずかな言及しかないのとは対照的である。もっとも、エディットは、七世紀のノーサンブリア国王だった聖オズワルドの血筋を引く女性であり、この先祖を深く崇敬する、その信心深さで知られていた。

ブルグント王ルドルフ二世の娘だったアーデルハイトは、九四七年、イタリア国王ロタールに嫁いだものの、九五〇年のロタールの死後、その王位継承争いに巻き込まれる。結局、九五一年、イタリアに遠征したオットー一世と再婚することによって、オットーにイタリア国王位をもたらすこととなった。以後、半世紀近くにわたって、アーデルハイトはオットー朝の一員として活動し続け、成人した子供としては、娘マティルデと王位継承者であるオットー二世をもうけた。

アーデルハイトに対する聖性崇拝については、クリュニー修道院の利益にかなうように意図された点が最大の特徴であり、オットー朝との関わりはさほど認められない。死去の直後から、オディロンによって、その謙譲と慈愛の徳が称賛され、その聖性については、早くからそれを崇敬する声があったものの、教会と皇帝が対立する叙任権闘争が影響し続けたのである。最終的に、一〇九七年、教皇ウルバヌス二世により列聖されたのち、その崇拝は、アルザス、ライン地方、ザクセンへと広がっていったのだが、そこには、叙任権闘争の最有力推進勢力であり、それゆえドイツ国王＝皇帝に圧力をかけ続けたクリュニー修道院の意志が強く反映されていた。『アーデルハイトの墓碑銘』でも、アーデルハイトによって創建され、その埋葬地ともなったアルザス地方のゼルツ女子修道院をクリュニーが支配しようとする意図から、クリュニー修道院と皇妃アーデルハイトとの緊密な関係が誇示されているのである。そこでは、オットー朝の王妃としての振舞いよりも、高貴な生まれでありながら、謙譲と慈愛にあふれた人物であったことが強調されていて、王妃固有の聖性を描くというよりも、女性であることを受け入れつつ、聖性一般に取り込まれる形になっている。

これに対して、『アーデルハイトの墓碑銘』執筆のほぼ同時期である十一世紀初めに書かれたマティルデの『第二聖人伝』の最大の特徴は、王妃として、また妻としての結婚生活を、霊魂の救済を得るための途《みち》として積極的に位置づけている点にある。九〜十世紀のザクセンでは、妻が寡婦となった後にも、夫の霊魂の救済のために祈ることがその務めとして重視されていたが、『第二聖人伝』でも、修道院における祈りや秘蹟の授与を通じての霊魂の救済以上に、マティルデによる毎日の敬神行為が評価されており、コルベ教授は、それこそがオットー朝における霊的生活の中心だったとしているのである。そこでは、修道院と同様に家族もまた霊的共同体だった。

『第二聖人伝』には、マティルデが王妃として、妻として、寡婦として行った、結婚を軸とした信仰と家族生活のモデルが描かれている。修道院創建をはじめとする教会に対する援助、イエスに倣った苦難と試練を受容したことが語られる一方、謙譲を通じて、キリスト教徒としての美徳と、王妃という支配者としての権威と権力行使を両立させたことが強調される。そこでは、統治に関わる王妃の職務も聖性の一部として認められているのである。

もっとも、マティルデが、自身の寡婦資産を用いてノルトハウゼン修道院を創建しようと望み、子供たちとの争いを引き起こし、一時はザクセンから追放されたことは、王家の所領の維持・確保とキリスト教的敬神との間の矛盾、言い換えれば、王権の世俗的現実と信仰上の理想との両立の困難を明かしている。

このような紀元千年前後のオットー朝王族に見られる聖性の特徴は、その前後の時期のものとその内容を大きく異にしている。カロリング期までのキリスト教的聖性は、独身主義を徹底する修道院を理想の信仰形態とし、結婚生活を霊魂の救済のための積極的な要件として評価することはなかった。また、王族の聖性については、とりわけ殉教者であることが強調されていた。西ゴート王族ヘルメネギルド(五八五年没)、イースト・アングリアのエドマンド殉教者王(八六九年没)やイングランドのエドワード殉教者王(九七八年没)がその典型である。

他方、十一世紀以降には、あるべき国王の姿として、「最もキリスト教的な君主」というイメージが流布し、十字軍遠征への参加がその典型的な徳目とされるということはあったものの、王族の場合、それ以上に国王や王妃の宗教的徳性が統治の問題と結びつけられることはなく、国王でも王妃でも、一個人としてのその信仰の篤さと理想のキリスト者としての振舞いこそが聖性の条件となった。聖王ルイ九世の場合にも、十字軍以上に、貧者に対する施し、イエスの「いばらの冠」などの聖遺物崇拝、神への冒とく的言動に対する嫌悪などがその聖性を保証した。十字軍に参加した他の皇帝や王侯の例にも明らかなように、十字軍参加だけでは列聖されないのである。女性聖人の代表格であるテューリンゲン方伯ルートヴィヒ四世妃エリザベトの場合にも、王妃としての行為よりも、個人的な宗教行為として、フランシスコ会への入信とともに、施療院の創設や貧民救済が語られている。さらにまた、叙任権闘争を通じて、聖俗両社会におけるキリスト教的な性的モラルが確立された副作用として、世俗の婚姻生活においても、再び修道院的禁欲という理想が広まっていくのである。

コルベ教授は、カール・レイザーの先駆的研究に依りつつ、このようなオットー朝の聖女たちが活躍する背景としては、ザクセンの貴族社会固有の背景があったとする。[9] そこでは、特定の血統に聖性が伝えられるわけではないものの、女性の果たす役割が重視されていて、特に九六〇年代に、もっぱら王家の女性の聖性が王朝の正統性を保証するイデオロギーを提供することとなったというのである。これに対して、十一世紀に入ると、ザーリアー朝のもとでは、修道院改革運動の成功により、家庭内での夫に対する妻の祈りの役割が後退し、死者祈念典礼は事実上修道院の男性修道士に独占されていった結果、修道院を通じて王家の正統性も保証されることとなった。

このような結論は、結婚や家族のあり方に関するより大きな問題関心に結びついていかざるを得ない。そのような関心から見ると、オットー朝期の結婚観が世俗的要素を容認するものだったのに対して、十一世紀以降、ローマ・カトリック教会の結婚に対する宗教的影響力は決定的に増大していくこととなる。教授が、後述する第二講演のカテゴリーに属する著作に取り組むこととなったのはそのためのように思われる。

『オットー朝の聖人たち』の説明が少し長くなってしまったが、このような知見を踏まえて、コルベ教授の第一講演「オットー朝皇帝一族における家族関係」を読むと、そこで語られている内容の背景もまたより良く理解できるだろう。

しかし、ここでの話題の中心は、オットー朝一族のなかで女性が果たした役割全般、とりわけ、中世初期のヨーロッパの王家にあっては例外的ともいえる、この一族間における暴力的行為のない平穏さが女性たちによって維持されたことを描く点にある。たくさんの人名が出てきて、多少煩瑣な叙述にはなっているが、それは致し方ない。それを除けば、講演の論旨は非常に明快である。

第一節で、オットー朝の家族史が女性を中心にして解説されたのち、第二節ではさまざまな形で発生した家族間の対立がテーマとなる。オットー一世とその弟であるバイエルン公ハインリヒとの長年にわたる争いと、オットー一世の最初の妃エディットとの間に生まれたリーウドルフの反抗が語られるが、後者に関しては、初婚とその後の再婚がもたらす後継者間の相続紛争ということになる。女性親族の間では、いわゆる嫁姑の対立があり、その典型としてオットー一世妃アーデルハイトとオットー二世妃テオファーヌの関係が示される。また、母親と息子の対立の例として、前述したハインリヒ一世妃マティルデのノルトハウゼン修道院創建時の寄進問題が挙げられている。

そのようなさまざまな対立と紛争にもかかわらず、女性たちによってオットー朝一族にもたらされた平和が、この講演の第三節の主題である。特に、十世紀にローマ・カトリック教会によって広められた一夫一婦制と婚姻不解消の原則に、オットー朝の人々が忠実に従ったこと、王妃が「王権の同僚」として位置づけられたこと、王妃や国王の母親が家族のまとまりの核だったことが語られる。講演の最終部では、九六二年のローマでの皇帝戴冠からドイツに帰還したオットー一世を迎えた一族の様子が描かれているが、その叙述は、ほとんどハッピー・エンドで終わるホーム・ドラマのような家族の親密さで彩られている。そして、その中心は、オットーの母親であるマティルデだった。このような温かさに満ちた家族の場景を中世ヨーロッパの歴史のなかで見出すのは容易ではなく、この講演内容を知った時、私自身も非常な感慨にとらわれたことをよく覚えている。

四．第二講演と『ヴォルムスのブルカルドゥスの周辺――ドイツ教会と近親婚の禁止(九～十二世紀)』

この講演は、大学教授資格論文として準備され、二〇〇一年に公刊された著作の骨子をまとめた内容となっている。[10]

講演の第一節によれば、カロリング朝フランク時代には、現在の日本の親等計算法と同じである「ローマ式数え方」に基づいて、七親等までの近親婚禁止という原則が主張されていたものの、事実上は、又いとこ同士を越えていれば、結婚することが認められていた。このことはカロリング期の指導的理論家ラバヌス・マウルスの著作とレギノ・フォン・プリュムの『教令集』(九〇六年頃)の考えでもあった一方、それとは異なる考え方も存在していた。八六八年のヴォルムス教会会議の教令には、具体的な世代数は示されないものの、血縁者を配偶者に迎えてはならないという教会の考え方が表明されているとともに、夫婦の共通の祖先までの世代数を親等数として数えるという「教会法式数え方」がすでに現れていたことが示される。これによって計算した場合、その七親等の範囲は、ローマ式数え方の一四親等にまで及ぶことになる。

第二節では、そのような状態が皇帝ハインリヒ二世の指揮下で急転し、一〇〇三年のチオンヴィル教会会議では、又いとこの子供同士（教会法的には四親等、ローマ法的には八親等）にあたるオットー朝一族の有力諸侯夫婦の婚姻が問題視されたことが印象的に語られる。その背景には、フランスのカペー朝国王ロベール二世の近親婚問題があり、それを糾弾した九九九年のローマ教会会議は、皇帝オットー三世が主催していた。つまり、このような近親婚を問題視する趨勢は、オットー朝によってリードされていたのである。第三節は、そのような事情を背景として書かれたヴォルムス司教ブルヒャルトの『教令集』（一〇〇八〜一二年）を取り上げ、そこで、教会法式親等計算法が厳密に要求されることとなったことを述べる。そのような厳格化の波は、すでに結婚していたザーリアー朝初代国王コンラート二世からライン地方の一貴族夫婦にまで及んだ。

第四節では、一〇二四年に始まるザーリアー朝の初期において、世俗の王家や貴族層の徹底した抵抗の結果、教会法式親等計算法に基づく近親婚禁止が必ずしも実現されていなかったことがその主題である。なによりコンラート二世の結婚も、さらには、その息子であるハインリヒ三世の結婚もその違反に該当していることが警告されたにもかかわらず、結局、教会はそれらを認めることとなったのだった。しかし、それは、教会内部でも異なる立場にある人々を含む多方面で激しい論争を引き起こした。そのなかでは近親婚が引き起こす優生学的障害の指摘もあり、そうした自然の摂理にかなう結婚という主張も存在していたことが強調されている。

第五節では、同時期に進行していたグレゴリウス改革の文脈で、一〇五〇年前後を最盛期として、レオ九世を代表とする教会改革派の教皇とそのブレーンが、世俗の信徒にも厳格な婚姻規制を要求するに至り、一〇六三年、近親婚禁止についても、ブルヒャルトの立場に立つペトルス・ダミアニの論説がローマ・カトリック教会の公式の教説となったことが示される。しかし、その一方で、一〇五〇年頃に、ウィリアム征服王が、カーンの二つの修道院創建と引き換えに、教会法的には五親等の親族にあたるマティルド・ド・フランドルとの結婚を承認させた事例が語られる。十一世紀後半には、このような寄進と引き換えの教皇による結婚特免という制度もまた導入されたのであり、これが教会と世俗社会の駆け引きの最終的な落としどころとなった。結局、人口も少なく、社会内部の移動も限られていた中世ヨーロッパ世界では、近親婚は避け難かったのである。教皇庁もまた、最終的に、一二一五年のラテラノ公会議において、四親等までの近親婚禁止という線に立ち戻ることを公式見解としたのだった。結論では、もうひとつの全体的な見取り図として、近親婚禁止を武器に世俗貴族へ支配を及ぼそうとする教会とドイツ王権に利害の一致があったことが示されている。

このようなローマ・カトリック教会による近親婚禁止というテーマに関しては、グレゴリウス改革との関係や教皇特免という抜け道も含めて、すでに日本でも、教会法史の伝統的な議論に基づく、木津隆司や桑野聡の論文によってよく知られている。[11] またそこでは、コルベ教授が重要視していない姻族への近親婚禁止の拡大と、教会が抱いていた代父母への親等拡大意図についても触れられている。その意味で、この第二講演とその元となっているコルベ教授の著作の骨子そのものは、私たちにとってさほど目新しいものではないようにも見える。そのなかで、コルベ教授の議論のオリジナリティが次の二点にあることを確認しておかなければならない。

第一に、教会法式数え方に見られる親等計算の広範囲化とそれによる近親婚の禁止という教会政策が、九世紀以降、段階的に、東フランク王国とそれを継承するドイツ王国の司教と教会法理論家たちによって最初に実現されたことは、コルベ教授の二〇〇一年の著作によって初めて明らかにされた。その中心時期は十一世紀前半であり、一〇八五年を最後として、ドイツでは近親婚禁止をめぐって貴族が関わった係争は起こされていない。すでに、一〇五〇～六〇年代には、近親婚をめぐる紛争の主たる舞台はドイツにはなく、フランスとイングランドに移りつつあったのである。

それ以前の先行研究では、このようなドイツとそれ以外の地域との時間差はあいまいだった。またグレゴリウス改革期に起こった近親婚禁止要求が重視される傾向が強かったため、近親婚禁止の教会法的頂点をなすブルヒャルトの『教令集』に対しても、そのような画期的位置づけは与えられていなかったのだった。

改めて言及するまでもないことだが、この近親婚禁止は、とりわけ十二世紀のフランスに拡大した結果、カペー王権を直撃することとなる。フィリップ一世の離婚再婚、ルイ七世とアリエノール・ダキテーヌとの婚姻解消、フィリップ二世と王妃インゲボルグとの婚姻解消などの事例については、すでによく知られているとおりである。こうして、一般的には、近親婚禁止は、グレゴリウス改革期特有の問題として、ドイツに限定されない西ヨーロッパ社会全体の中に位置づけられてきたわけだが、その点を否定した点に、コルベ教授の独創性があるのである。

第二に注目されるのは、史料中に決して豊富に残されてはいない実例を丹念に拾い上げ、それを叙述のなかで巧みに用いている点である。講演では、ケルンテン大公コンラート二世とマティルデ、ハンマーシュタイン家の夫婦(オットーとイルメンガルト)、国王コンラート二世とギーゼラ、国王ハインリヒ三世とアニェスの四例が語られているが、著作ではこれらに加えて、十一世紀に王族以外のドイツ貴族に起こった婚姻に関する紛争として、九例が検証されている。

同時に、オットー三世とハインリヒ二世という、オットー朝末期のドイツ国王たちが持っていた禁欲指向も説得的に描かれている。それらを通じて、単なる教会法上の説明としてだけではなく、教会による近親婚禁止が、紀元千年を挟む時代の現実のドイツ貴族社会において、どのように扱われたのかを具体的ないし実証的に説明していることが、研究の手法として優れているのである。

五．第三講演と中世フランスの諸侯の女性と結婚

第三の講演「十二〜十三世紀における女性と政治権力——東部フランス諸侯領の場合」に対応するコルベ教授の書物はないが、二〇一五年に公刊された論文「アリエノール・ダキテーヌとブランシュ・ド・カスティーユのあいだ——フランス東部において権力を握った妃たち」がこの講演の下敷きになっている。[12] 講演のなかで語られている史実の典拠は、このフランス語論文の注において詳細に示されているので、関心がある方はそれらを参照

するとよい。なお、この講演には、非常に多くの、それも中世フランス史研究者にとってさえも必ずしも周知とはいえない妃たちとその親族関係に関する史実が登場する。このため、翻訳に際しては、多少煩瑣にはなってしまったが、本文の理解のための補足として、訳注に加えて人物説明・系図・年表という形でこれらの女性に関連する歴史的説明を付した。

時代的には、十二世紀後半から十三世紀を扱っているので、その点で第一・第二講演とはかなりのずれがある。そもそも対象となる地域も現在のフランスであり、また登場人物も、その大半が王族ではなく地方の有力諸侯の娘や妃である。しかし、それぞれの家門において二五人余りの女性たちが直面した問題が扱われていて、特に第一講演と連続させてみると、また違った中世ヨーロッパ女性史についての見方があり得ることが示されている。

この講演の第一節は、検討の対象となる一一五〇〜一二五〇年のフランス王国、フランドル伯領、ポンチュー伯領、ブルゴーニュ公領、ヌヴェール伯領、ルクセンブルク伯領、ブロワ伯領、シャンパーニュ伯領、クーシー領主領、バール伯領、ロレーヌ公領などにおいて、夫や息子に代わって統治の実権を握る妃が続出したことを概観する。そうした状況の見られる中心時期は一二二六年前後であり、そこに関わる大部分の妃は、シャンパーニュ伯チボー二世とその妃マティルド・ド・カランティの子孫と血縁者たちだった。その数世代にわたる姻戚関係を系図に作ってみると、男系から見た場合と大きく異なった、中世北フランス諸侯社会の姿が明らかになる。

第二節では、そのような妃たちの統治には三つのケースがあったことが説明される。第一のケースは、男子相続人を欠いた時に女子相続人となる場合である。庶子や養子による相続が認められていなかった当時にあって、直系子孫の重視という観点に立つと、女子相続人の法的立場は必ずしも脆弱ではなかったが、そのような相続には、その封建主君が介入する場合が多く、独立した諸侯領の事実上の消滅を招く可能性も大きかった。戦士階級の男性が、戦闘や狩猟、馬上槍試合などで命を落とすことが日常茶飯事だった時代の諸侯の家族が直面していた厳しい現実がうかがわれる。

第二のケースは、統治者である夫や息子が十字軍や巡礼などによって不在となった時に、統治代行者、すなわち摂政を務める場合である。第三は、夫が早くに亡くなり、その跡を相続した息子が未成年である時に、成年に達するまでの期間の摂政となる場合である。特に、後者の場合には、さまざまな特殊具体的な事情が介在するため、その探索は非常に興味深い歴史研究の作業となる。寡婦となった妃が、年長の長男ではなく、より幼いがゆえに母親のコントロールを受け入れやすい次男以下の息子の相続を支持し、しかも彼らが成年に達した後も、その統治に関与し続けようとするケースが多く見られることは、これは洋の東西を問わない、ほとんど普遍的な現象である。

第三節では、これらの妃たちが軍事面などで男性と変わりない猛々しさを示し、旧約聖書の悪王妃イゼベルにたとえられたことが描かれている。この点は、第一講演で語られたオットー朝の女性たちが一族間に平和をもたらしたという穏やかな姿とは対照的である。結論として、これらの女性統治者が現れた事情が、中世全体を通じての共通現象であることを踏まえつつも、特にここで検討対象となった一一五〇年〜一二五〇年という時期においては、幾度も繰り返された十字軍遠征の影響が大きかったとされる。このあたりは、例えば、歴代のイェルサレム国王として、北フランスの諸侯が入れ替わり立ち代わり現れることにも明らかなように、この時代の北フランスの世俗諸侯の一般的な関心と関連があることは明らかである。

ただし、単に、十字軍遠征に参加した家長の不在の結果、妃たちの統治が頻発したということ以上に、十字軍遠征が繰り返し行われた結果、男性に代わって女性が領国の統治を行うことが例外的なことではなくなり、女性への信頼が一般化していった点が強調されている。それがこの一一五〇～一二五〇年という時期の妃たちの統治の特殊性なのである。

次に、以上のような講演内容を、一般的な文脈に位置づけてみよう。

第一講演との対比という点では、ここで、王族や諸侯の妻や娘が三つの契機を通じて世俗的統治に関与していく様子は、第一講演での王族女性聖人が、家族生活や統治の中で示すとされた聖性とは無縁の行為である。それが十字軍遠征を背景として引き起こされたという点に関しては、一一五〇～一二五〇年の北フランス諸侯社会が舞台として選ばれたゆえの必然的結果であったと考えられる。他の時期や地域における同様のケースとの比較が必要であろう。中世ヨーロッパ社会の特徴として、男性戦士階級の死亡率の高さから、同階級に属する女性が統治に関わることや、彼女たちの再婚や再々婚がごく一般的だったことはよく知られているからである。

他方、貴族女性が抱く親族イメージや家系意識が驚くほど女系中心だったことは、ドリュ伯妃マリ・ド・ブルボン（一二七四年没）の墓棺の周囲に置かれていた親族たちの小像を分析したミシェル・ビュールの論文に基づいて、私自身が紹介したことがある。[13] ちなみにこのドリュ伯妃マリもまた、夫であるドリュ伯ジャン一世がルイ九世の十字軍に参加し、一二四八年にキプロス島で亡くなった後、一二四一年生まれの長男ロベール四世を支えた女性摂政だった。

これらのフランスの諸侯一族における妃たちの役割については、王妃のそれも含めると、現在のフランス中世史学界の研究動向のなかでも、ひとつのまとまった関心対象となっている。また、こうした王族や貴族の女性への関心の背後には、政治的重要人物の伝記研究への回帰という動向と同時に、近年の女性史研究の発展があることもまたいうまでもない[14]。

日本では、中世ヨーロッパの国王や諸侯の妃に関する専門的な研究はいまだ数少ないものの[15]、近世まで含めると、アリエノール・ダキテーヌ以降の、フランスの妃たちに関する書籍はすでに相当数に上る。その嚆矢は、渡辺一夫による十六世紀フランスの王族女性に関する伝記群である[16]。

ビザンツ世界を含めて、ヨーロッパ史全体としても、王妃研究は確実な進展を遂げている[17]。フランス史に関しては、相変わらずアリエノール・ダキテーヌとブランシュ・ド・カスティーユに関する著作が多い一方で[18]、中世後期から十六世紀にかけての王妃研究は、ファニー・コサンディ『フランスの王妃——シンボルと権力』に始まり、ミュリエル・ゴード＝フェラグ『中世の王妃——十四〜十五世紀の女性的権力』とスタニス・プレ『王妃の身体』へとつながっていて、研究者の関心を引き続けている[19]。さらに、王妃ではない王族の女性たちに関しては、アンヌ＝エレーヌ・アリロ『フランス国王の娘たち――王女、サン・ルイの記憶、王朝の意識（一二七〇年から十四世紀末まで）』とオブレ・ダヴィド＝シャピィ『アンヌ・ド・フランス、ルイーズ・ド・サヴォワ――女性的権力の創造』が近年の代表的な研究であろう。[20]

王妃の場合には、十四世紀以降、中央集権化を遂げていく王政組織のなかに取り込まれていったため、そのなかでの位置づけが問題となる。そこではまず、次代の国王を産むことが求められるとともに、王権を背景として、国王宮廷の女主人として果たす儀礼的ないし象徴的な役割が重要だった。このため、国王権力が相当程度に衰弱するか、重大な相続問題が発生するかしない限り、王妃にそれ以上の役割が求められることはなかった。中世では、精神に問題があったシャルル六世の妃イザボー・ド・バヴィエールとブルターニュ公領の女子相続人として、同公領のフランス王国への併合問題のキー・パーソンだったアンヌ・ド・ブルターニュ（シャルル八世とルイ十二世の妃）、そしてルネサンス期には、実弟のシャルル八世の摂政を務めたアンヌ・ド・フランスが、そのような数少ない例外である。

また、一三二八年にカペー朝直系男子が断絶したことを契機として、いわゆるサリカ法典の原則に従い、直系の女子ではなく、系図をさかのぼって見出される傍系の男性血縁者を次の王位継承者とすることが法的原則となると、王女が女子相続人となることはなくなり、彼女たちの政略結婚の対象は、フランス国内でも独立性の強い有力諸侯や外国の王族に求められるようになっていった。

これに対して諸侯の女性の場合には、その出身家門の相続に関わり続けたことから、実家や婚家において果たす家族的役割は王家の女性よりはるかに大きかった。このような諸侯の妃については、古くから例外的に伝記的著作が書かれてきた一方で、[21]最近では、研究雑誌論文や研究集会の論集という形で、少なからぬ個別研究が発表されるようになっている。諸侯の妃ひとりで書籍一冊を埋めるに足る情報を得ることが難しく、単発の個別論文の形を取らざるを得ないからだが、そのようなテーマの論集が近年増えていることは疑いない。フランスの諸侯の妃に関しては、そのような著作や論文の多くを、前述のコルベ教授のフランス語論文の注に見出すことができる。また、一九九九年には、モンプリエにおいて、「中世の王妃と妃」をテーマとした研究集会が開催されたほか、[22]二〇〇五年には『メディエヴァル』誌で、「中世末期の諸侯と諸侯妃」という特集号が編まれている。[23]

王妃研究が、国王とのアナロジーで捉えられることが多いということは、逆にいえば、そこに王妃固有の説明を見出すことが難しいということになる。これに対して、中世盛期の諸侯の妃たちは、父母、夫、子供、時には孫を支えて、特に男性メンバーが不在であったり、幼少であったりする時に、男性と同じ働きをした。このため、男性当主の実質的な不在時に限られるとはいえ、そのような機会が生じた場合には、いわば、家門の長としての彼女たちの活動を捉えることができるのである。

また、長子男系の相続という原則の一方で、嫡出の男子相続人がいなければ、その役割は娘たちに回ってきた。諸侯のみならず、貴族の妻をめぐる状況の特殊性の中心はそこにある。前述のように、職業戦士である貴族の男性は早くに死亡することが多いからである。こうして、男性兄弟を失った後に残された娘たちが、家門の相続を担うケースが続出した。

コルベ教授の講演の特徴は、まさにこのようなポイントをたくみに捉えている点にある。研究の対象を、多くの男性が十字軍に参加した時期の北フランスの諸侯家門に絞り込むことによって、妃として、母親として、女子相続人として、諸侯家門に属す女性たちが果たした役割を具体的に語っているのである。その理解のために、付録として作成した、二五人の妃たちの人物解説と系図を参照してくださると、この講演が、妃たちに関する一種のプロソポグラフィー研究を下敷きにしていることがよく理解できるであろう。

しかし、前述したように、このような貴族家門の女性が果たした役割は、中世盛期の北フランスに限られるわけではない。また、コルベ教授が取り上げなかった研究テーマとして、中世後期にめざましい非嫡出子の活躍や貴族の女性に対する教育なども見逃せない。今後、これらの問題をどのような形で、専門的研究として発展させていくことができるかが、私たちの課題として残されているのである。

先行研究の十分な渉猟と適切な分析、理論的に十分整理された仮説、そして、一次史料のなかから見出された(できれば)未知の歴史的事実による実証という、三位一体的な三要素が揃って初めて優れた歴史研究となる。加えて、論理的だが、簡潔平明な文章表現によってその成果が語られるときに、著者のアイディアは確実に読者に伝えられる。コルベ教授の三つの講演とその下敷きになっている著作は、その模範的作品であり、たとえ専攻分野が異なっても、特に若い研究者諸君の格好の手本となることだろう。

編者の怠慢のために、本書の刊行は、講演が行われた時から五年近くも隔たってしまった。講演に参加してくださった研究者や大学院生の皆さん、そして、この遅滞に催促がましいことはなにひとつおっしゃらず、辛抱してくださったコルベ教授には、お詫びを申し上げなければならない。山川出版社の編集部には、通常の編集作業以上の助力とアドヴァイスを頂いた。当初、原文の形に固執するあまり、相当に生硬だった翻訳文については、編集部のおかげで格段に分かりやすいものになった。心からのお礼を申し上げたい。なお、第三講演の翻訳については、花房秀一さん（中央学院大学法学部准教授）が、講演の時の配布テキストの下訳を作成してくださった。本書を編集するなかで、その姿は大きく変わってしまったが、その責はもっぱら編者の私にあることは言うまでもない。

1 P. Corbet, *Les saints ottoniens. Sainteté dynastique, sainteté royale et sainteté féminine autour de l'an Mil*, Sigmaringen, 1986.

2 Ed. P. Corbet, *Les moines du Der, 673–1790. Actes du colloque international d'histoire, Joinville-Montier-en-Der, 1er–3 octobre 1998*, Langres, 2000.

3 山田欣吾「「教会」としてのフランク帝国」同『西洋中世国制史の研究・第一巻・教会から国家へ――古相のヨーロッパ』創文社、一九九二年、一九〜八四頁。

4 ブルンスハウゼン女子修道院は、八五六年にリーウドルフによって建立されたのち、八八一年に移設されて、ガンダースハイム女子修道院となった。リーウドルフィング家ゆかりの女子修道院のひとつ。

5 コルヴァイのヴィドゥキント（三佐川亮宏訳）『ザクセン人の事績』知泉書館、二〇一七年、三一章と七四章など。三一章では、「高名にして高貴で、比類なき賢明さを備えたマティルデという名の王妃」とあり、七四章では、彼女の信仰と善行、謙虚さについての印象的な叙述がある。ティートマル『年代記』は、*Thietmari Merseburgensis episcopi Chronicon*, hr. von R. Holtzmann, (*Monumenta Germaniae Historica, Scriptores rerum Germanicarum, nova series*, t. 9), Berlin, 1935.

6 マティルデの二つの聖人伝(Vita Mathildis reginae antiquior & Vita Mathildis reginae posterior)の新版は、*Die Lebensbeschreibungen der Königin Mathilde*, hg. von B. Schütte, (*Monumenta Germaniae Historica, Scriptores rerum Germanicarum in usum scholarum*, t. 66), Hannover, 1994に収められている。『第二聖人伝』の制作時期については、P. Corbet, *Les saints ottoniens*, p.156.

7 *Ibidem*, p. 6.

8 *Odilonis cluniacensis abbatis Epitaphium domine Adelheide auguste*, bearb. von H. Paulhart, in ders., *Die Lebensbeschreibung der Kaiserin Adelheid von Abt Odilo von Cluny*, (Mitteilungen des Instituts für Österreichische Geschichtsforschung, Ergänzungsband, 20, Heft 2), Graz/Köln, 1962, pp. 27–45. アーデルハイトについては、コルベ教授は、この王妃の没後千年を記念した論集の共同編者となっている。Dir. P. Corbet, M. Goullet, D. Iognat-Prat, *Adélaïde de Bourgogne. Genèse et représentation d'une sainteté impériale*, Paris/Dijon, 2002.

9 K. J. Leyser, *Rule and Conflict in an Early Medieval Society. Ottonian Saxony*, London, 1979.

10 P. Corbet, *Autour de Burchard de Worms. L'Église allemande et les interdits de parenté (IXème-XIIème siècle)*, Frankfurt am Main 2001.

11 巻末の参考文献を参照。

12 P. Corbet, 'Entre Aliénor d'Aquitaine et Blanche de Castille. Les princesses au pouvoir dans la France de l'Est', dir. C. Zey, *Mächtige Frauen ? Königinnen und Fürstinnen im europäischen Mittelalter (11.–14.*

Jahrhundert), Ostfildern, 2015, pp. 225–247.

13 M. Bur, 'Une célébration sélective de la parentèle. Le tombeau de Marie de Dreux à Saint-Yved de Braine (XIIIe s.)', *Comptes rendus de l'Académie des Inscriptions & Belles-Lettres*, l'année 1991, avril-juin, pp. 301–318. 堀越宏一『中世ヨーロッパ生活誌（NHKカルチャーアワー・歴史再発見）』日本放送出版協会、二〇〇八年、八七～九三頁。

14 この分野での先駆者は、ジョルジュ・デュビーである。巻末の参考文献を参照。

15 諸侯の妃を取り上げた近年の例として、上田耕造「ブルボン公妃アンヌ——十五世紀末から十六世紀初頭のブルボン家を支えた公妃の仕事」『関西大学西洋史論叢』二二号、二〇一九年、一〇七～一二六頁。アンヌは、フランス王ルイ十一世の娘であり、後にブルボン公となるピエール二世妃だった女性であり、一四八三年に王位を継いだ幼少の実弟シャルル八世の摂政として、一四九一年まで王政の中心にあった。他方、一五〇三年の夫の死後は、一人娘のシュザンヌ（一四九一年生まれ、一五〇五年に将来のブルボン大元帥シャルル三世と結婚する）を支えて、家門の維持に努めたブルボン公家の女性摂政でもあった。

16 巻末の参考文献を参照。

17 Ed. A. J. Duggan, *Queens and Queenship in Medieval Europe. Proceedings of a conference held at King's College London, April 1995*, Woodbridge, 1997. 井上浩一『ビザンツ皇妃列伝——憧れの都に咲いた花』筑摩書房、一九九六年。

18 十三世紀以前のカペー朝王妃研究として、例外的なのは、C. Woll, *Die Königinnen des hochmittelalterlichen Frankreichs, 987–1237/1238*, Stuttgart, 2002.

19 F. Cosandey, *La reine de France. Symbole et pouvoir*, Paris, 2000; M. Gaude-Ferragu, *La reine au Moyen Âge. Le pouvoir au féminin. XIVe–XVe siècle*, Paris, 2014; S. Perez, *Le corps de la reine*, Paris, 2019.

20 A.-H. Allirot, *Filles de roy de France. Princesses royales, mémoire de saint Louis et conscience dynastique (de 1270 à la fin du XIVe siècle)*, Turnhout, 2010; A. David-Chapy, *Anne de France, Louise de Savoie, inventions d'un pouvoir au féminin*, Paris, 2016. 後者について、アンヌ・ド・フランスは、注15の「ブルボン公妃アンヌ」と同一人物。ルイーズ・ド・サヴォワは、国王ルイ十二世のいとこだったアングレーム伯シャルル・ドルレアンの妃であり、一五一五年にルイ十二世の跡を継いだ国王フランソワ一世の母。

21 一例を挙げれば、ブルゴーニュ伯オトン四世妃マオ・ダルトワに関して、J.-M. Richard, *Une petite-nièce de saint Louis, Mahaut, comtesse d'Artois et de Bourgogne (1302–1329): étude sur la vie privée, les arts et l'industrie, en Artois et à Paris au commencement du XIVe siècle*, Paris, 1887; id., *Mahaut, comtesse d'Artois et de Bourgogne (1302–1329)*, réédition, Monein, 2006; C. Balouzat-Loubet, *Le gouvernement de la comtesse Mahaut en Artois (1302–1329)*, Turnhout, 2014; id., *Mahaut d'Artois. Une femme de pouvoir*, Paris, 2015.

22 *Reines et princesses au Moyen Âge. Actes du cinquième colloque international de Montpellier, Université de Paul-Valéry (24–27 novembre 1999)*, *Cahiers du CRISIMA*, 5, 2 vols., Montpellier, 2001.

23 <Princes et princesses à la fin du Moyen Âge>, *Médiéval*, Vol. 48, 2005.

REINES ET PRINCESSES DE L'EUROPE MÉDIÉVALE

par PATRICK CORBET

オットー朝皇帝一族における家族関係

はじめに――オットー朝の概要

紀元千年を挟んでドイツ王国を支配したオットー朝は、中世ヨーロッパの有力王朝のひとつです。九六二年に誕生し、一八〇六年まで存続することになる神聖ローマ＝ドイツ帝国は、この王家に始まります。オットー朝は、九一九年にカロリング朝君主〔を継いでいたコンラート一世〕の跡を襲って王位に就いたあと、一〇二四年までその座を保ちました。この年、遠い縁続きにあたるザーリアー朝がオットー朝の跡を継ぎ、その後、約一世紀間続くことになります。[1]

オットー朝は、北部ドイツの出身であるリーウドルフィング家をその出自とするのですが、その家名は、八六六年に没した先祖であるリーウドルフに由来します。オットー朝は、政治的なプロパガンダの必要上、ザクセン地方出身であることをことさら強調しました。ザクセンとはドイツ北部の地方で、そこは、ゲルマン人の一部族であるザクセン族の領域であり、彼らは長きにわたって独立を保っていたと考えられていたのです。しかし、今日では、ザクセン族は、フランク族の上層貴族と血縁関係で結ばれていたことが分かっています。

オットー朝初期の国王であるハインリヒ一世と大帝とも呼ばれるオットー一世は、ドイツにおける強力な王権の復活をゆるぎないものとしました。さらに、オットー大帝が、九五一年にイタリア王国を征服し、九五五年にはマジャール人に対して勝利したことは、オットーに皇帝に匹敵する偉大さを与えることになり、それは九六二年のローマでの皇帝戴冠によって公式のものとなりました。彼の子孫たちは、西欧世界における自分たちの優位性をさらに高めていきます。最も傑出していたのは、オットー大帝の孫であり、ビザンツ皇女テオファーヌの息子でもあったオットー三世です[2]。彼のヨーロッパ南部と古代ローマ帝国の追憶に対する思い入れには、非常に強いものがありました。他方、彼の開放的な政策は、ドイツの隣にポーランドとハンガリーという二つの王国を生み出す源となりました。さらに、このオットー三世の後継者であるハインリヒ二世は、のちの一〇三二年、ザーリアー朝初代国王コンラート二世の時に実現するブルグント王国併合に着手しています。

以上、次に続く私の話の理解に必要なことを少し申し上げました。私の話は、オットー朝の皇帝一家の内部における人間関係を考察するというものです[3]。そこでは、結婚のあり方とその戦略、相続、名前に関する共通意識とその選択といった社会人類学にとって重要な、構造的な事柄に関心を向けることになります[4]。けれども私が強く希望しているのは、それよりはむしろ、この国王の家系に特有な家族的雰囲気や振舞いのパターンを捉えること、そして、できることならば、なぜそのように振舞うようになったかという歴史的な要因を突き止めることにあります。私は、このようなテーマを私と堀越宏一教授の共通の恩師であるミシェル・ビュール教授に敬意を表して選びました。というのも、ビュール教授が、家族の心性や親族集団の内部機能というこれらの問題にとても大きな関心を寄せているからです。

一つの基本線が、この私の研究全体を貫いています。それは、オットー朝の家族関係が温和になり、平和的なものになっていった際の様相ということです。このことは、それ以前の時代の諸王朝と比較すると、よく理解できます。メロヴィング朝フランク王国の時代は、その荒々しさで知られていました。[5] 六世紀末のメロヴィング家では、恐ろしい復讐劇が繰り広げられ、長い間、暴力による死や暗殺が当たり前のことでした。次のカロリング朝はオットー朝にかなり似ていて、キリスト教の教会によって支えられた神聖な王権という、より進化した政治環境のもとに生きていました。しかし、そこでの人間関係は決して愛情に満ちあふれたものではありません。ほとんど内戦化する兄弟間の争い、その犠牲者が往々にして死んでしまう盲目の刑、妻の離縁などはその例です。オットー朝には、このような極端な暴力が起こらなかったのですが、それは、いったいなぜなのでしょうか。

一世紀にわたる家族の歴史

五人の国王とその家族

この問題を検討するにあたって、家系図(一四八〜一四九頁)を参照しながら一世紀にわたるその歴史を思い浮かべてみましょう。

この王朝の始祖は、捕鳥王とあだ名されたハインリヒ一世です。彼はザクセン大公でしたが、九一九年、ドイツ国王に選ばれました。そして、同じザクセン地方出身のマティルデと結婚して、五人の子供、すなわち西フランク王国において華々しい結婚をすることになる娘二人に加えて、[6]息子三人が生まれます。このうち、長男であるオットー一世は、オットー朝の歴史における最重要人物であり、神聖ローマ帝国の創始者です。次男のハインリヒはバイエルン大公(若公)となり、三男であるブルーノは教会に入るべく育てられて、ケルン大司教となりました。

長男オットー一世には二人の正妻がいて、最初の妃はイングランド出身のエディットであり、二番目の妃はイタリア国王の寡婦だったアーデルハイトです。最初の妃との間には、息子リーウドルフとザーリアー朝の祖先となる娘リーウトガルトがおり、[7]二番目の妃との間には、父王の跡を継ぐことになるオットー二世とクヴェトリーンブルク女子修道院長となるマティルデがいました。

オットー二世は、この王朝の歴史における重要人物のひとりであるビザンツ皇女テオファーヌと結婚しました。彼女は、神聖ローマ帝国に東方世界の影響を持ち込むこととなります。二人の間には、紀元千年の栄光に包まれた皇帝であるオットー三世に加えて、三人の姉娘がおり、そのうち二人は修道女となりました。オットー三世の早すぎる死が、オットー朝の「直系の」家系に終止符を打つこととなりますが、男系を通じての最も近い親族だったハインリヒ若公の孫バイエルン大公ハインリヒが、一〇〇二年に後継の国王に選ばれました。このハインリヒ二世は、クニグンデ・フォン・ルクセンブルクと結婚したものの、子供はなかったため、彼が一〇二四年に死去すると、皇帝権力はザーリアー朝の手に帰することとなりました。

名前に潜む強固な家族意識

ここで、いくつかのことを考えておく必要があります。第一に、この家族には二つの男系家系が存在し、オットーとハインリヒという、この王族たちが名乗った名前によってはっきり区別されていました。それぞれの名前は、政治的かつ計画的なメッセージをもち、正統な統治者の家系であることを誇示していたのです。最も注目されるのは、ハインリヒ一世の次男のバイエルン大公の家系が、三世代にわたってハインリヒという名前を守り続けたことです。「ハインリヒという名前 nomen Heinrici」という言い回しは、ハインリヒ一世の王妃だった聖女マティルデについての『第二聖人伝』において繰り返し語られる決まり文句です。

これに加えて、他の分枝家族がなかったことも注目されます。ゲルベルガとハトヴィヒというオットー大帝の妹たちはそれぞれ結婚し、栄光ある子孫をもうけましたが、それはドイツの外のフランスにおいてであり、オットー朝の系図外のことです。オットー三世の姉マティルデは、宮中伯エッツォーと結婚しましたが、時代的に少しあとのことになります。他の女性は女子修道院（ガンダースハイム、クヴェトリーンブルク、エッセン）に身を置き、その院長となったので、彼女たちから別の家系が生まれることはありませんでした。[8] 第三の男系家系が、オットー一世と妃エディットとのあいだに生まれた子供からわずかに姿を現していますが、そのリーウドルフとその息子オットーは早くに亡くなってしまいました。

したがってオットー朝とは、人数の少なく、狭い、そしてまさに生物的消滅に脅かされた家系で、実際、その家系の消滅は十一世紀初めに起こってしまったのです。このような狭さと対になっているのが強固な家族意識の存在であり、それは同じ名前の規則正しい反復によく示されています。オットー朝の名前のレパートリーは限られていて、男性では、すでに指摘したオットーとハインリヒのほか、リーウドルフとブルーノであり、それ以外にはほとんどありません。女性では、なによりマティルデとゲルベルガです。のちに、偉大な皇妃たちの影響を受けてアーデルハイトという名前と、ソフィアというギリシア（＝ビザンツ）語の名前が取り入れられました。ハインリヒの家系もまた、（系図にはすべては示されていませんが)ブルーノ、ゲルベルガ、ハトヴィヒという名前を名乗っていたので、オットー朝の家族的慣行との違いはありません。

オットー朝の統一的な意識には、もうひとつ別の根拠がありました。それは、この家系の人々の生涯と結び付いた修道院の存在です。後継のザーリアー朝の人々はすべてシュパイアー大聖堂に埋葬されましたが[9]、オットー朝はそのような厳密な意味での王朝の聖堂をもちませんでした。彼らの墓は、クヴェトリーンブルク(オットー一世と妃マティルデ)、マグデブルク(オットー一世と妃エディット)、ローマ(オットー二世)、ケルン(オットー二世妃テオファーヌとケルン大司教ブルーノ)、ゼルツ(オットー一世妃にして、オットー二世の母后アーデルハイト)[10]、アーヘン(オットー三世)、バンベルク(ハインリヒ二世と妃クニグンデ)に分散しています。しかし、君主たちは、世襲財産化したザクセン地方のいくつかの修道院を繰り返し訪れ、最も近親の女性たちが修道院長となってそれらの修道院を運営し、家族をひとつにまとめる聖堂の不在を補っていたのです。

二　家族内の紛争の頻発とその型

構造的断裂——この家族の二つの家系

問題の核心に進むことにしましょう。この家族のメンバーの間には、どのような関係が認められるのでしょうか。父親と息子、母親と娘、義理の母親と義理の娘、兄弟などの関係の組織的な分析に、オットー朝に関する、家族的色彩の色濃い数多くの史料(なぜなら多くの場合、それはオットー朝関係の修道院などで入念に作成されたので)のきめ細かな研究が結びつけば、興味深い結論に至らないはずがないだろうと思われます。しかし、私は、より総合的なアプローチに依ろうと思います。

この一族内部において極端な暴力がなかったことは、すでに強調しました。しかし、危機的状況は頻繁に存在し、しかもそれは、各世代で発生しました。たとえ同時代のテキストにおいて、苦悩と高揚、そして栄光に包まれた回帰という宗教的なテーマがことさらに強張されることが多かったとしても、この一族内における危機的状況は、厳しく深刻なものだったのです[11]。

オットー家とハインリヒ家の対立が全体の基調となっているのですが、それは王朝の第二世代で発生しました。ハインリヒ一世捕鳥王の息子たちの誰が、父王の跡を継ぐべきだったのでしょうか。十世紀初めとは、王家の息子が皆、王冠を戴く資格を有しているという、中世初期の西欧の諸王家の伝統的規則が消滅する時代にあたっていました。九世紀末のカロリング帝国の崩壊によって生まれた諸王国の領域は、もはやかつてのように分割するにはあまりに小さかったのです。しかもそのうえ、強力な地域権力が各地方で支配権を獲得していて、そこに王族出身の諸侯を支配者として上から高圧的に任命することなど、もはや不可能でした。以後、王国は分割不可であるということが原則になります。さらに、長男優越の原則がまもなく生まれることになりますが、〔ハインリヒ一世が死去した〕九三六年の段階では、この種の原則は、決定的な形ではまだなにも認められていませんでした。

このため、ハインリヒ一世の次男だったハインリヒ若公は、長兄オットーに対して勝負に出ました。オットーは、九二九年以来、父王から唯一の後継者に選ばれていましたが、王妃にして二人の母親でもあったマティルデは、ビザンツ帝国では父帝在位中に誕生した王子が世継ぎとなったように、次男は「玉座の上に生まれた」のに対して、オットーは、九一九年に父王が国王に登位する前にこの世に生を受けていたという論拠で、次男を支持したのです。いくつかのテキストがそう書いているように、マティルデは次男を偏愛していたのでしょうか。それとも、まだ妻もいない若い息子のもとでの方が、より大きな影響力を保持できると思っていたのでしょうか。それは知るべくもありませんが、いずれにせよ家族は分裂しました。九三六年、オットーが勝利すると、前王妃となった母親とその次男は、アーヘンで行われた国王聖別式の盛儀に参列することを許されなかったのでした。こうした難しい立場にあったハインリヒ若公が、九三八〜九四一年にオットー一世に対して反乱を起こすのを見ても驚くには値しません。この反乱は、ハインリヒをバイエルン大公に任命するという結果だけをもたらして終わりました。こうして、長男をして、母親と弟に敵対させるという重大な危機が、オットー朝の歴史の早期段階にすでに現れているのです。三番目の兄弟であるブルーノは、後継問題をさらに複雑にすることがないように、幼くして聖職に捧げられていたと思われます。

ハインリヒ若公の最初の失敗は、その後重くのしかかり続けることとなりました。彼の息子であるハインリヒは四〇年間にわたりバイエルン大公であり、その「喧嘩公」という異名は、彼のさまざまな企ての内容を示していますが、この人物は、オットー朝の皇帝たちにとって長年にわたる困惑の種でした。彼は、ポーランド人とベーメン人の助けを借りてオットー二世に対する陰謀を企て、ロートリンゲンへの追放刑に処されました。とりわけ、九八三年には、自分のいとこであるオットー二世の跡を継ぐために勝負に出ます。オットー二世が急死した時、国王として聖別されたばかりの三歳の息子オットー〔三世〕が残されたのですが、喧嘩公はこの子を捕らえ、可能な限りの反国王派を味方につけ、間髪を入れることなく、自分こそが国王であることを断固主張しました。最終的には、ドイツ司教団に支持された二人の元皇妃、テオファーヌとアーデルハイトの勇敢な行動によって、ようやく彼は退けられたのでした。

一〇〇二年に若死にしたオットー三世の跡を継いで、オットー朝最後の君主となったのは、喧嘩公の息子だったハインリヒ二世です。おそらく、亡くなった前王と親族関係にあったおかげでかろうじて選ばれたこの人物は、自分がこの王朝の初代国王であり、曽祖父であるハインリヒ一世の血を引き、同じ名前をもっていることを折にふれ強張することを欠かしませんでした。この「ハインリヒという名前 nomen Heinrici」は、「オットーという名前 nomen Ottonis」と暗黙の裡《うち》に対立しつつ、一時期は遠ざけられていましたが、最後には王権に迎え入れられることになる一つの家系を形容し続けたのです。

オットー朝の家族の歴史におけるこの構造的断裂とはこのようなものです。繰り返し述べておきますが、この断裂は、西欧における諸王国が分割不可能となるという状況の変化と長子優越という新たな原則の結果でした。
それでは、この家族内部に、これ以外の対立はなかったのでしょうか。

兄弟と息子の反乱

オットー大帝の治世は、自分の兄弟たちとの紛争で始まりました。ハインリヒ一世捕鳥王に関してはすでに見たとおりですが、反乱はそれだけではありません。ハインリヒ一世捕鳥王は、マティルデとの正式の結婚以前に、ハテブルクという名の寡婦と内縁関係にあり、そこからタンクマルという息子が生まれていました。マティルデとの結婚と男児たちの誕生によって、タンクマルの家族内の序列は下がることとなりました。というのも、正式の結婚から生まれた子供は、「若い時の結婚」から生まれた子供に優越したからです[12]。こうした内縁関係から生まれた子供は、正統な子孫がいない場合にのみ、父親の跡を継ぐことを要求できたのでした。九三七〜九三八年、不遇をかこつタンクマルは、自分の母親の遺産をめぐるとある事件がもとで、異母弟である国王オットー一世に対して反旗を翻しましたが、討死を遂げることとなりました。

こうした正式の結婚から生まれたのではない子供の問題を解決するために、九〜十一世紀にしばしば用いられた解決策は、彼らを教会に入れることでした。こうして、オットー一世が、あるスラヴ人貴族女性との間にもうけたヴィルヘルムという名の息子は、マインツ大司教となっています。

より深刻だったのは、九五三〜九五四年に、オットーの長男リーウドルフが父親であるオットーに対して起こした反乱です。王妃エディットの息子だったリーウドルフは、長い間、王位後継者という羨望される地位を手にしていました。ところが、九四六年にエディットが亡くなり、さらに九五一年に、父オットーが、イタリア王ロターリオ二世の寡婦アーデルハイトと再婚すると状況は悪化していきます。この再婚は、オットーがイタリア王国を手に入れることを可能にしたほか、経験豊かで、子供を産むことができる年齢の女性をドイツ王妃の座に据えることとなったのです。早くも九五二年に、アーデルハイトに男児が生まれました。その結果、ある史料が「母親の支えを失った」と述べるリーウドルフの立場は、危機に瀕することとなります。おそらくそれが、彼を反乱に駆り立てたのでしょう。妹のリーウトガルトの夫であるロートリンゲン大公コンラート赤毛公という義理の弟を含む共謀者を自分の周りに結集し、九五三年、彼は父親に対して挙兵しました。オットー一世は一時苦境に立たされるのですが、リーウドルフらはちょうど時期を同じくしてドイツに侵入してきたマジャール人騎兵たちと手を結び、祖国を裏切ったと非難され、人望を失った結果、降伏を余儀なくされたのでした。その後、リーウドルフは父とよりを戻すのですが、その少し後の九五七年に病没しました。彼自身の息子〔オットー〕は九八二年に子供を残さず亡くなっています。

このように、再婚は最初の結婚から生まれた後継者たちと新しい妻との間の紛争を引き起こす源であり、とりわけ新しい妻が子供を産んだ場合にそうなりました。これは男系子孫間で起こる紛争のもうひとつのパターンです。カロリング朝でも、ルイ一世敬虔帝〔位八一四～八四〇年〕の時代に、同様の危険な家族状況があったことが知られています。13

紛争のなかの女性たち

紛争のなかで女性が果たした役割は、こうした後継者に関することだけではありません。まず観察されるのは、義理の母親と娘が同居しなければならなかった場合の、彼女たちの対立関係です。〔ハインリヒ一世妃〕マティルデと〔オットー一世妃〕エディットとの間に緊張関係があったことを示す史料もありますが、それはあまりはっきりとしたものではありません。これに対して、十世紀末の二人の皇妃〔オットー一世妃アーデルハイトとオットー二世妃テオファーヌ」の関係は、たとえ九八三年に、幼いオットー三世を苦境から救い出すためにハインリヒ喧嘩公に対して互いに協力したということがあったにしろ、最悪だったことは確かです。彼女たちは二人とも摂政として権力を行使するなかで相争い、結局、年長のアーデルハイトはイタリアに隠遁することを余儀なくされました。しかし、ビザンツ出身で、女性君主のようにオットー三世の幼少期の統治を行ったテオファーヌも、「もしも私がもう一年生きているならば、アーデルハイトはこの世において、彼女の手のひらが包みうる以上のものを統治することはないことでしょう」という義母に対する無情な言葉を残して、義母の追放後にまもなくこの世を去りました。

最後に、母親と息子の対立について指摘しておかなければなりません。オットー二世の治世初期には、母后であるアーデルハイトは彼と対立していましたが、その理由は不明です。これに対して、〔ハインリヒ一世妃〕マティルデとその息子たちを対立させた危機についてははっきりしています。寡婦となっていたこの王妃は、寡婦資産として彼女に遺されていた財産を使ってノルトハウゼン修道院を創建しようと望み、それを実現しました[14]。しかし、この修道院の創建は一族の不動産を減らすこととなってしまったため、彼女は息子たちから激しく抗議され、追放されてしまいました。ゲルト・アルトホフは、この当時、寡婦となった女性の浪費に対する不信感がドイツの貴族家門にはよく見られたことを指摘しています[15]。

こうして、オットー朝の家族生活がどれほど多くの紛争を含むものだったかが推し測られるのです。しかしながら、この王朝の歴史のなかでは早期に起こったタンクマルに関するエピソード（九三八年）は例外として、これらの危機が流血を伴う結果に至らなかったことは、これまでに述べたとおりです。このような最終的に幸福のうちに終わる、言い換えれば、周期的に平穏が回復された理由は何だったのでしょうか。それはおそらく、この王家の女性たちが演じた、幸せをもたらすという役回りだったと考えられるのです。

三．オットー朝の歴史における女性の役割

大いなる栄光に包まれた人物たち

その根拠としてまず確認できるのは、オットー朝ザクセン家の女性たちが、各人ともに責任を担う、行動的な女性君主であり、皆名声に包まれた人物だったことです[16]。同時代の文学作品では、多くのページが彼女たちを称賛するために割かれています。否定的な意見は稀でしたし、中世の多くの妃たちに向けられていた不義密通の非難が見られないことは

注目に値します。そのうえ、聖性を有するという名声を享受した女性も幾人かいて、これは、キリスト教社会において非常に重要な意味がありました。今なお、〔ハインリヒ一世妃〕マティルデ、〔オットー一世妃〕アーデルハイト、〔ハインリヒ二世妃〕クニグンデは、カトリック教会において聖人とみなされています。[17] そのうえ、彼女たちの宗教的かつ道徳的な徳を叙述するために書かれた聖人伝は、彼女たちの生き方を知るうえで貴重な史料です。[18]

これらの王妃たちの威光と彼女たちが果たした役割には、この王家だけには限られない一般的な要素も絡んでいます。カール・レイザーは、ザクセン地方のエリート層に、女性が影響力を行使するのに好都合な人口学的な状況があったことを明らかにしています。[19] 男性の晩婚、戦争に起因する男性の高死亡率、そして娘たちの結婚が若年だったために、寡婦となることが多く、またその期間も長かったのです。夫の死後の存命期間は、〔ハインリヒ一世妃〕マティルデで三二年間、〔バイエルン大公ハインリヒ一世妃〕ユーディトと〔シュワーベン大公リーウドルフ（オットー一世の息子）の妃〕イダで約三〇年間、〔オットー一世妃〕アーデルハイトでは二六年間に及んでいます。そのうえ彼女たちは、自分の兄弟や、さらには自分の息子よりも長命だったのです。このため王家の生活において、彼女たちが継続的な影響力を持つこととなったのでした。

さらに、ガンダースハイム、クヴェトリーンブルク、エッセンといった、一族の記憶を伝える修道院群も重要な存在でした。これらの女子修道院はオットー朝初期の王族の女性たちによって創建され、その後は、結婚しなかった王族女性がその采配を振るっていました。王妃たちもしばしば女子修道院に滞在し、人生の終わりにはそこに隠遁するなど、大きな影響を及ぼしていました。王妃たちは、これらの修道院において、家族の記憶を伝えるとともに家族のなかの物故者への祈りの責任者を務めたのです。九六八年、死を前にした〔ハインリヒ一世妃〕マティルデは、自分の孫娘であるクヴェトリーンブルク女子修道院長〔マティルデ〕に、『故人となった先祖の名前が記された小冊子』を託しました。このような務めは何より大切なことでした。この点で、王妃たちの権威のもと、ザクセンでは女子修道院が男子修道院と同じように強力な霊的役割をもち、修道女の祈りには男性修道士の祈りと同じ価値があったのです。

家族をめぐる確固とした状況——オットー朝における結婚

しかし、それ以上に重要であると思われるのは、十世紀に、一夫一婦制と婚姻の非解消という形でキリスト教の下での結婚に関する規則が確立したことです。オットー朝の人々は、それ以前のみならず同時代の諸王朝と比べても、はるかに強くこれらの規則を尊重することにこだわりました。タンクマルの母親となった女性とハインリヒ一世の関係や若かりしオットー一世とスラヴ人貴族女性の内縁関係のような、王朝初期のエピソードを別にすると、結婚に関するオットー朝の人々の振舞いは教会の教えに従っていました。その教えとは、法にかなった関係（内縁関係、誘拐、親族との「近親相姦的」関係などは許されない）、厳格な一夫一婦制、離婚することはできない、等々です。オットー朝の人々はさらに、夫婦一緒の埋葬、寡婦は再婚しないこと、娘たちを数多く修道院に入れることといった、これまた教会の気に入りそうな振舞いをそこに追加しました。たとえ、これらの選択が、教会の教えを尊重するだけではない別の目的に応えるものであったとしても、オットー朝の人々が、自ら進んで夫婦に関する振舞いの模範であろうとしたことは明白です。

このように観察してみると、オットー朝最後の人物だった皇帝ハインリヒ二世の行動が際立っていたことが明らかになります。彼は、妻クニグンデとの結婚が子供をもたらすことがないままだったにもかかわらず、彼女と別れることはせず、「キリストを自分の後継者とした」のでした。[20] それは、結婚の規則に対するこの王朝の姿勢に忠実であり続けるという意志によってしか説明できない決心です。このような態度がおそらく、教会と王権の間に特別に緊密な関係を打ち立てることに大きく寄与したのでしょう。これこそが、オットー朝とザリエル朝の政治体制の本質的な特徴といえるのです。

このようなキリスト教的結婚の勝利は、親族内部における女性の立場を強くすると同時に、王妃の制度上の地位を向上させました。国王と結婚することによって、王妃は共同摂政となり、国王権力に結びつけられて、「王権の同僚 consors regni」となるという考え方が、オットー朝とともに開花したのです。「王権の同僚」という、聖書にその起源をもち、八七〇年頃のイタリアに現れた定型表現は、九六〇年以降、ドイツにおける原則となりました。それは、公文書のみならず、歴史書や典礼にも及び、〔オットー一世妃〕アーデルハイトと〔オットー二世妃〕テオファーヌに対してこの表現が適用されているのが確認されています。[21]

夫婦の法的な平等というこの特徴は、図像表現によっても裏づけられます。[22] ヨーロッパの王家に関する図像のなかで、オットー朝の君主たちの肖像において初めて、王妃が現れるのです。その際には、夫の脇にいる場合だけでなく、夫と対等な位置にいることもありました。パリのクリュニー中世美術館が所蔵する、神によって戴冠されるオットー二世とテオファーヌを表現した象牙細工品〔九八〇年頃〕やミュンヘンに保存されているハインリヒ二世の抄録福音書の一ページ〔一〇〇七年頃〕は、その見事な事例です。

この事実はまた、オットー一世以降の妃たちがもっていた確固たる政治的地位を明示しています。すでに述べたように、〔オットー一世妃〕アーデルハイトと〔オットー二世妃〕テオファーヌは、強力な摂政政治を行いました。同じような政治的責任が、クヴェトリーンブルク女子修道院長マティルデにも託されています。彼女の甥であるオットー三世が、九九七年のローマ滞在中のドイツの統治をマティルデに任せたのです。また、ハインリヒ二世妃クニグンデも王の傍らで間違いなく影響力を行使していました。

平穏にする役割と家族を具現する役割

このような権力への女性の参加は、家族の関係に不穏な空気をもたらすことも多々ありました。メロヴィング朝では、ブルンヒルドとフレデグンドという二人の王妃の敵対関係が、この家族内の闘争を流血が伴うほどに悪化させました。[23] しかし十世紀になると、そのような状況は変化します。それどころか社会の風潮として、平和をもたらすという女性の役割が強く求められるようになるのです。勇気をもった男勝りの女性というタイプは、オットー朝期には存在せず、逆に母親的なイメージをもつ王妃ばかりでした。〔ハインリヒ一世

オットー２世と妃テオファーヌの戴冠(980年頃。パリ、クリュニー中世美術館所蔵)

ハインリヒ２世と妃クニグンデの戴冠(『抄録福音書』1007年頃。ミュンヘン、バイエルン州立図書館所蔵。Clm 4452, fol. 2 recto)

上下ともにPPS通信社提供

妃〕マティルデや〔オットー一世妃〕エディットとアーデルハイトは、家臣、修道士、修道女、貧者などの交渉相手に対して、「母親のように」振舞うのです。

王妃たちの伝記はやや感傷的になる傾向があるのですが、家族の和合の中心としての王妃の役割を強調しています。〔ハインリヒ一世妃〕マティルデの息子たちが、修道院に気前のよすぎる母親に不満で、権力者集団から彼女を遠ざけた時、そのような迫害を止めさせるよう、夫であるオットー一世に対して掛け合ったのは、マティルデの義理の娘である王妃エディットでした。「あなたたちは、まるでよそ者の女のように、最良の母親を王権から追い出しました。この極めて聖なる女性を呼び戻しなさい。そして、願わくは、最高の地位において、彼女が再び王国を所有しますように。そのようにするべきなのですから」。家族の内部において、王妃は、節度と正気の要《かなめ》であるべきであり、男たちが暴力に走る傾向を鎮めなければならないのです。

年老いて寡婦となった王妃たちを見ても、家族のまとまりにおける女性の位置が明らかになります。マティルデに関する同じ史料は、九六二年にローマで皇帝として戴冠したオットー大帝の帰還について次のように伝えています。

彼は、自分の母親〔つまり、マティルデ〕、国王である息子〔オットー二世。すでに共時国王として戴冠されていました）、そして神の恩寵にあふれた娘（クヴェトリーンブルク女子修道院長マティルデ）をケルンに呼び寄せました。さらに、妹である（西フランク国王ルイ四世妃）ゲルベルガや王家のすべての人々（そこには、甥であるハインリヒ喧嘩公も含まれていたことが分かっています）がやって来ました。男性も女性も、再会したい気持ちに駆られて集まったのです。そののち、彼らが再び集まることは二度とありませんでした。彼らの名高い母親（マティルデ）は、かくもたくさんの王族を産んだことを喜び、大いなる名誉をもって、皇帝と彼女の子孫全員によって迎えられました。彼女は自分の家族を抱きしめ、孫たちに会えたことを喜んだのですが、彼女の最大の喜びは、全《まった》き栄光のうちに自分の息子である皇帝が帰還したことによってもたらされました。彼女はそのことを神に感謝したのでした。

このような家族の集合が行われたのは、まさに女性たちの周りにおいてなのです。

おわりに

オットー朝が、家族の不和分裂を免れていたわけではありません。そこには、とりわけいわゆる世襲君主制の時代に、他の中世の諸王朝も突き当たったような家族内部における困難な諸問題が見出されます。すなわち、兄弟間の敵対関係、義理の母親と娘の嫉妬、再婚から生じた紛争や異なる結婚から生まれた子供たちの間の抗争です。王国の不可分性や長子優越という新たに生まれた義務が、対立をさらに悪化させたと考えることすらできます。

しかし、オットー朝の場合、そのような危機の機会は限られていました。九五〇年以降、オットー朝の誰も命を落とすことはなく、体罰を受けることすらなかったのです。好ましいと言わざるを得ないこのような展開の、少なくともその一部は、女性たちが果たした役割に帰されなければならないのです。

1 オットー朝に関する総論としては、以下の著作がある。この講演で言及される政治的な出来事の関連情報もそこに含まれている。H. Keller et G. Althoff, *Die Zeit der späten Karolinger und der Ottonen. Krisen und Konsolidierungen, 888–1024*, Stuttgart (Gebhardt. Handbuch der deutschen Geschichte, Band 3), 2008; L. Körntgen, *Ottonen und Salier*, Darmstadt, 2002; H. Keller, *Die Ottonen*, München, 2001; G. Althoff, *Die Ottonen. Königsherrschaft ohne Staat*, Stuttgart, 2000; H. Beumann, *Die Ottonen*, Stuttgart, 1997.

2 訳注：オットー三世に関しては、三佐川亮宏『紀元千年の皇帝――オットー三世とその時代』刀水書房、二〇一八年。

3　多くの点に関して、次に挙げる私の博士論文を参照。*Les saints ottoniens. Sainteté dynastique, sainteté royale et sainteté féminine autour de l'an Mil*, Sigmaringen, 1986. そこでは、特にドイツ王妃だった聖女マティルデの二つの聖人伝において語られている家族関係の分析を行った。

4　これらの問題に関しては、R. Le Jan, *Famille et pouvoir dans le monde franc (VIIe–Xe siècle). Essai d'anthropologie sociale*, Paris, 1995.

5　訳注：六世紀の政治抗争についてのみだが、オーギュスタン・ティエリ（小島輝正訳）『メロヴィング王朝史話』全二巻、岩波文庫、一九九二年の叙述が参考になる。

6　訳注：長女ゲルベルガは、西フランク国王ルイ四世妃となり、次の国王ロタールの母となる。次女ハトヴィヒは、フランキア大公ユーグ・ル・グランの妃となり、カペー朝初代国王ユーグ・カペーの母となった。

7　訳注：リーウドルフは、九三〇年生まれ。父オットー一世の再婚後、次第に父と不仲になり、九五七年に病死。リーウトガルトは、ロートリンゲン大公コンラート妃となり、二人の曽孫であるコンラートが、一〇二四年にザーリアー朝初代国王コンラート二世となった。

8　訳注：オットー一世の娘マティルデに始まり、その姪であるアーデルハイトが継承していくクヴェトリーンブルク女子修道院（九三六年創建）については、以下でたびたび言及されるが、九世紀に創建されていた他の二つの女子修道院の院長職についての説明はない。補足しておけば、ガンダースハイム女子修道院長には、バイエルン若公ハインリヒの娘ゲルベルガとオットー二世とテオファーヌの娘ソフィアが任じられ、その跡を姉であるクヴェトリーンブルク女子修道院長アーデルハイトが継いでいる。エッセン女子修道院の院長だったのは、オットー二世の異母兄であるシュヴァーベン大公リーウドルフの娘マティルデ、一〇一二年からガンダースハイム女子修道院長職と兼任したソフィア、オットー三世の姉マティルデと宮中伯エッツォーの娘テオファーヌだった。

9 ザリエル朝とその家族意識に関しては、E. Boshof, *Die Salier*, Stuttgart, 4e éd., 2000 ; S. Weinfurter, *Das Jahrhundert der Salier*, Ostfildern, 2004; J. Laudage, *Die Salier. Das erste deutsche Königshaus*, München, 2006.

10 訳注：ゼルツ修道院は、現在のフランス・アルザス地方北東部に位置する同名の村にあった。

11 L. Bornscheuer, *Miseriae regum. Untersuchungen zum Krisen-und Todesgedanken in den herrschaftstheologischen Vorstellungen der ottonisch-salischen Zeit*, Berlin, 1968.

12 これらの問題に関しては、すでに引用した次の著作を参照。R. Le Jan, *Famille et pouvoir dans le monde franc*.

13 訳注：ルイ一世敬虔帝は、最初の妃エルマンギャルドとの間に三男三女をもうけていて、八一七年の帝国整理令によって、ルイの死後の男子三人の間の相続の内容は取り決められていた。ところが、八一八年にエルマンギャルドが亡くなったその翌年、ルイがユーディットと再婚し、一男一女をもうけると、この二番目の妃は、八二三年に生まれた自分の息子シャルルへの相続分与を求めて立ち上がることとなった。八四〇年にルイが亡くなると、兄弟たちは、八四一年にはフォントノワの戦いで干戈《かんか》を交えるに至り、結局、八四三年のヴェルダン条約によって、シャルルを含む、当時生存していた三人の兄弟間における新たなフランク王国の分割相続が取り決められた。

14 寡婦資産（特に、妻が寡婦となった際に、妻の生活費として夫から妻に分け与えられる財産と収入）に関しては、Dir. F. Bougard, L. Feller et R. Le Jan, *Dots et douaires dans le haut Moyen Age*, Rome, 2002.

15 G. Althoff, 'Probleme um die dos der Königinnen im 10. und 11. Jahrhundert', *Veuves et veuvage dans le haut Moyen Age*. Etudes réunies par M. Parisse, Paris, 1993, pp. 123–133.

16 A. Fössel, *Die Königin im mittelalterlichen Reich. Herrschaftsausübung, Herrschaftsrechte, Handlungsspielräume*, Stuttgart, 2000.

17 訳注：このほかにも、ザクセン家の女性には次の聖人がいた。始祖リーウドルフの妻オーダ、その娘でブルンスハウゼン女子修道院（八八一年に移設されて、ガンダースハイム女子修道院となる）の初代院長だったハトゥモーダ、オットー一世の最初の妃エディットである。

18 P. Corbet, *Saints ottoniens*… . Cf. R. Folz, *Les saintes reines du Moyen Age en Occident (VI*^{e}*–XIII*^{e} *siècles)*, Bruxelles, 1992.

19 K.J. Leyser, *Rule and Conflict in an Early Medieval Society. Ottonian Saxony*, London, 1979, pp. 49–62.

20 S. Weinfurter, *Heinrich II. Herrscher am Ende der Zeiten*, Regensburg, 1999. 結婚生活におけるハインリヒ二世の振舞いは、十二世紀に彼が列聖された際の最も重要な要素だった。

21 T. Vogelsang, *Die Frau als Herrscherin im hohen Mittelalter. Studien zur "consors regni" Formel*, Göttingen/Frankfurt am Main/Berlin, 1954.

22 P.E. Schramm, *Die deutschen Kaiser und Könige in Bildern ihrer Zeit, 751–1190*, 2e éd., München, 1983.

23 B. Dumézil, *La reine Brunehaut*, Paris, 2008. 訳注：ブルンヒルドは、メロヴィング朝フランク王国のアウストラシア分王国王ジギベルト一世の妃。フレデグンドは、ネウストリア分王国王キルペリク一世の妃。キルペリク一世は、ジギベルト一世の弟。そもそもブルンヒルドの姉ガルスウィントはキルペリク一世の妃だったが、おそらくフレデグンドにより五六八年に暗殺され、その直後にフレデグンドがキルペリク一世の後添えとなる。この頃からブルンヒルドとフレデグンドの抗争が始まり、六一三年、フレデグンドの息子でありネウストリア分王国の王位を継いだクロタール二世によって、ブルンヒルドが残虐に処刑されるという結末を迎えた。

堀越宏一　訳

中世の教会と結婚

夫婦間における血縁関係禁止の問題

はじめに――「教会法的過激主義」という企て

この講演では、九〜十二世紀（あとで見るように、特に十一世紀）の西欧の歴史において際立って重要ながらも、その後、その重大性が大きく失われていくことになる一つの問題を論じようと思います。それは、血縁関係にある者との結婚の禁止という問題です。これは、近親相姦の禁止という人類学上のテーマに属していますが（クロード・レヴィ＝ストロースは、それを社会生活の基本原則とみなしていました）[1]、中世ヨーロッパにおいては、キリスト教の教会の権威と強く結びつくという特徴がありました。なぜならば、ここで考察する時代には、

「教会法的過激主義《マクシマリスム・カノニック》」と呼ぶことのできるひとつの企て、すなわち、教会が、夫婦間における血縁関係の禁止を非常に広範囲にまで及ぼそうという企てがあったからです。それはどのようにして、そしてなぜ行われたのでしょうか。

ここで検討される血縁関係の形態とは、血族関係、すなわち血がつながっていることによる血縁関係のそれであり、婚姻(結婚)によって生じる血縁関係や信仰上の血縁関係(キリスト教の洗礼の際に生じる子供と代父母との関係)は含まれません。教会法は、これら二者についても考察していますが、それが深刻な問題を引き起こすことはなかったように思われます。もうひとつことわっておかなければならないのは、中世には親等の数え方が不確定だったため、夫婦間における血族関係禁止の説明が、やや理屈っぽくなってしまうことです。しかしながら、ここで論じる問題は、二〇〇一年の私の本と、二〇〇八年のドイツの歴史家カール・ユブルの本[2]により近年一新されたのですが、この二冊の結論は、時に重要な差異を含みながらも全体としては一致しています。

一．中世初期において禁止されていた血縁関係の定義

聖書では、旧約のレビ記一八章六節が、「肉親の女性に近づいてこれを犯してはならな

い。〔新共同訳〕」という基本的な原則を定めていました。中世初めには、破門という罰則のもとに禁止された血縁関係の最初の定義が定められましたが、それはローマ時代の法慣習、正確には相続法に基づいていました。それによれば、人は、自分の姉妹、姪(neptis)、いとこにあたる女性(consobrina)に加えて、その次の世代の、「いとこから生まれた」又いとこにあたる女性(sobrina)と結婚してはなりませんでした。六〜八世紀の教会法の法文も、そのように定めています。

しかし、まもなくこのような用語を用いるよりも、夫婦の共通の先祖までさかのぼって世代数を数えることによって、血縁関係を数字で表すほうが便利であると考えられるようになり、次第にひとつの方式が有力になります。それは「七番目の世代までの」結婚禁止というものでした。この表現は、七三二年の教皇グレゴリウス三世の書簡に初めて現れます。一組の夫婦の共通の先祖までの血縁関係の図を描くとするならば、それは、一方の配偶者から共通の先祖までさかのぼり、次いでもう一方の配偶者まで下りながら、その世代数を数えるということになります。このような数え方は「ローマ式数え方」、ないし「脚立式数え方」と呼ばれます。これによれば、又いとこである女性 sobrina は六親等の親族であり、「七番目の世代」はその子供の代になります。

もっとも、七世代までの結婚禁止という規則は、長い間ほとんど実施されないままでした。とりわけカロリング期（九世紀）には、又いとこ（sobrina）というレヴェルを超えていれば、結婚することが可能だったといわれています。中世の慣行では、血縁関係を禁止すべきと考えられたのは一般的にこの範囲内においてでした。この事実は、近親婚禁止についてのカロリング期の中心的な理論家で、「ゲルマニアの教師」と呼ばれたラバヌス・マウルス（八五六年没）の著作のなかに現れています。マウルスが大司教の職に就いていたマインツ大司教座を震源のひとつとして、十一世紀に近親婚をめぐるいくつもの事件が起こることになるのは皮肉な話ではあります。

このような次第で、教会の要求は長らく控えめなものに留まっていましたが、その一方で、これとは逆の、厳格さを求める傾向が広がり始めていました。まず一般論として、もし配偶者との間に血縁関係があるかもしれない場合には、そのような配偶者と結婚すべきではないという考え方が表明されます。この原則は、教皇ニコラウス一世の影響を受けて、八六八年のヴォルムス教会会議の教令第八条として表れており[3]、のちの教令に大きな影響を及ぼしました。そこでは次のように定められています。

信者は、何番目の世代と一緒になるべきか（見出し）。信者たちの婚姻に関して、世代の数を指定するものではないが、以下のように定める。いかなるキリスト教徒も、その生まれが知られ、確認されるか、その記憶が保持されている限りにおいて、その者自身の血縁者や親族から妻を迎えてはならない。

このような教会の態度表明が、又いとこ(sobrina)というレヴェル以上に結婚禁止を広げる空気と、血縁関係の数え方に対する警戒心をもたらすこととなります。

この厳格化の傾向は、親等の数え方の変化によって補強されていきます。少しずつながら、教令のなかで、世代の数え方が共通の先祖までさかのぼることだけに拠るようになり、そこから配偶者まで下らなくなることが確認されるのです。この方式は、「教会法式数え方」ないし「単一はしご式数え方」と呼ばれています。しかるに、この数え方を結婚禁止の対象となる七世代という数字に結びつけるとすると、禁止範囲は途方もなく広がることになってしまうのです[4]。

現実の慣行は、長い間、このような定義からは距離を置いていました。十世紀には、相変わらず控えめな結婚禁止が行われていたことが確認されています。この時代には、教会法が統一されておらず、多くの矛盾した教令が流布していました。司教は、自身の司教区では自分の規準を課していましたし、西欧の諸王国のレヴェルでも、各国の司教団が互いに連携することがなくなっていったため、さまざまな規準が存在していました。ドイツ王国では、主要な教会法令集であるレギノ・フォン・プリュム（九一五年没）の『教会会議の大義の書』[5]は、伝統的な立場、すなわち限定的な結婚禁止を志向していて、（八六八年のヴォルムス教会会議が必ずしも勧めなかった方の）〔ローマ式の〕親等の数え方を行うべきことを再確認しています。しかし、その後、事態は変化することとなります。

二．紀元千年の転機　チオンヴィル教会会議（一〇〇三年）とその前後の状況

事態は、紀元千年頃、ドイツ王国で進展しました。ドイツは、九六二年に西ローマ帝国を復興したオットー朝が支配していて、当時は、オットー三世（位九八三～一〇〇二年）、次いで彼の又いとこであるハインリヒ二世（位一〇〇二～二四年）という人物を戴いていました。このハインリヒ二世が、血縁者との結婚の禁止を推し進める中心的な役割を果たすことになります（以下、一四八～一四九頁の系図1を参照）。

一〇〇三年一月、ロレーヌ地方のチオンヴィルにおいて開催された教会会議に際して、ドイツ国内でも最も有力だった三人の司教（ヴィリギス・フォン・マインツ、ノトガー・フォン・リ

ユッティヒ、ブルヒャルト・フォン・ヴォルムス)を含む、多数の司教たちを前にして、国王ハインリヒ二世は高位聖職者に対する容赦ない非難を行いました。王は次のように断言します。司教たちは「口のきけない犬」に過ぎない。血縁者同士が結婚によって結ばれるのを放置している。「神をも恐れず、遠慮会釈もなしに、司教たちは三親等の血族関係を考えにも入れず、……七番目の世代まで続く血統を打ち壊しているが、それについて教会法は、血統が保たれるべきことを命じている」というのです。さらに王は、四親等の親族にあたる一組の大貴族の夫妻を問題にしました。[6] このような君主の発言は騒動を引き起こし、会議もそこで散会となりました。[7] その後、一〇〇五年に、別の教会会議がザクセン地方で開かれ、血縁者間の結婚が抑止されることを望むという国王の意向が追認されました。以後、数十年にわたり、それまでは少なかった違法な結婚に対する訴追が増加します。空気は急激に変化したのです。

このような変化の理由は何だったのでしょうか。違法な結婚という問題に大きな関心が向いたきっかけは、ドイツの外で起こったある事件だったと思われます。それは、フランスのカペー朝の創始者であるユーグ・カペーの息子ロベール二世敬虔王(位九九六〜一〇三一年)が、ベルト(ドイツ語ではベルタ)・ド・ブルゴーニュを妃に迎えようとするという事件でした。彼女は、ロベールから見て三親等の親族であり、両者は極めて近い間柄にあったのです。[8] フランスの司教団はこの結婚を認めたのですが、ローマ教皇は反発し、九九七年二月、イタリアのパヴィアで開かれた教会会議においてこの結婚は糾弾され、ロベール二世は破門の危機に直面します。これに王が従わなかったため、九九九年一月のローマ教会会議では、さらに強化された制裁が科されました。西欧世界の動揺は甚大でした。

ロベール敬虔王とベルトは一〇〇三年にようやく結婚を解消しましたが、肝心なのはオットー朝の皇帝を取り巻く社会が、この結婚を糾弾するのに与《くみ》していたという事実です。九九九年のローマ教会会議を主催したのは、皇帝オットー三世でした。教皇グレゴリウス五世(位九九六〜九九九年)は、彼のいとこの息子であり、[9] 元アウクスブルク司教だった人物ですが、司教に任命したのはオットーその人でした。ローマには、オットー三世の最も影響力のある側近であり、まもなく教皇シルヴェステル二世(位九九九〜一〇〇三年)となるジェルベール・ドーリヤックと皇帝の又いとこにあたるバイエルン大公で次の皇帝ハインリヒ二世もいました。マインツ大司教ヴィリギスら、ドイツの有力司教たちもまた関与し、事情に通じていました。ヴィリギスの側近たちのなかには、それまでドイツでは知られていなかった古い教会法を再発見し、それに基づいて七番目の世代までの結婚の禁止を主張した者もいますが、それはそれまでのドイツ王国では稀な方式だったのでした。

このような考え方の変化は、オットー朝体制のトップ〔＝オットー三世とハインリヒ二世〕で生じたことでした。一〇〇三年のチオンヴィルでの対立もその一環でした。そして教会法が、このような考え方の変化を追認することになります。

三．ブルヒャルト・フォン・ヴォルムスの『教令集』

一〇〇八〜一二年の間にまとめられたヴォルムス司教ブルヒャルトの『教令集』は、十一世紀の教会法の記念碑的著作で、オットー朝ドイツの聖職者にその内容の多くを拠っていました。[10] 作者ブルヒャルトはドイツの教会エリートのひとりであり、王権とも近く、その教令集はドイツの教会の立場を代表しています。教会のあらゆる問題にかかわる一八〇〇もの教令を集め、全二〇巻に分類したこの集成において、結婚禁止にはいかなる重要性が与えられているのでしょうか。

驚かされるのは、第七巻という単独の巻において、特に結婚に関する血縁関係の禁止の問題が論じられていることです。この問題に対して寄せられた関心が極めて大きいことがうかがわれます。そのほかの近親相姦の諸問題、たとえば婚姻外で発生する親族との性的問題は、この『教令集』のなかでもずっと後ろの第一七巻でようやく出てくるので、この問題にはさほどの関心が割かれていないといえるでしょう。

ブルヒャルトは三〇条に及ぶ第七巻の教令で、紀元千年の一連の事件で明らかになった事柄に一致させる形で、結婚禁止の規準を厳格化する意志を示しています。まず、親等の数字を厳しいものに変えています。第一八教令において、「四番目の世代まで」の結婚を禁じるカロリング期の法文(マインツ、八一三年)を引いているのですが、そこに、「五番目と六番目の世代まで」と追記しています。ほかの教令も同様に加筆されています。さらに、夫婦間に血縁関係があることが証明されれば、直ちにその結婚は違法となるという、八六八年のヴォルムスの「絶対的《カテゴリク》な」原則を最初に出して再確認していますし、とりわけ、この巻の全三〇条のうち一三もの教令において、七親等の結婚禁止の規則に言及しているのです[11]。最後に、彼は、親等の推算を容易にするために、この第七巻に古代ローマに起源をもつ、親等を表す樹形図を掲載しています。ブルヒャルトは、前世紀に支配的だった家系のあり方とは対照的な、厳格な家系のあり方に与しているのです。

この首尾一貫した教令集によって、ドイツ教会の司教たちは以後、遠縁の親族間の結婚にも反対することができるようになりました。二つの事件がそのことをよく例証しています。第一に、ライン地方の二人の貴族、オットー・フォン・ハンマーシュタインとイルメンガルトは四親等の結婚であることを問題にされ、彼らの結婚を断固無効としたい教会当局によって一〇一六年から二七年まで約一〇年間にわたり訴追されることとなりました[12]。第二に、一〇二四年、ハインリヒ二世が跡継ぎを残さず亡くなったのち、ザーリアー家の新国王コンラート二世は、その選挙に際して、五親等の血縁にあたっていた妻ギーゼラを離別するよう促されています[13]。要するに、血族結婚に対する弾劾をめぐって、大きな変動が十一世紀の最初の四半世紀に起こったのでした。

四．初期ザーリアー朝における曖昧な状況

そのような教会の方針は、さまざまな障害に突き当たることになります。前述した二つの紛争においても、司教たちは結局挫折しました。ハンマーシュタイン家の人々は教会人の命令に頑強に抵抗し、国王コンラート二世は脅しを無視して、一〇二四年〔の国王戴冠式の一三日後〕に、より協調的な一人の大司教〔＝ピルグリム・フォン・ケルン〕によって妻ギーゼラを戴冠させせました。俗人たちは自分たちの政略結婚において、教会が求めた非常に束縛の強い規準に屈するつもりはなかったのです。

ロレーヌ地方のゴルツ修道院長シージュフロワが、同僚であるスタヴロ修道院長ポッポーに宛てた書簡（一〇四三年）[14]が、オットー朝期の教会の政策とその諸困難を例証しています。シージュフロワは、コンラート二世の息子でありザーリアー朝二代目君主であるハインリヒ三世が計画した、フランス人の妃アニェス・ド・ポワトゥー（ドイツ語ではアグネス・フォン・ポワトゥー）との結婚の知らせに鋭く反応したのです。彼はすでに、二人の間にありうる血縁関係を調べ上げていて、二人が四親等の血族であり、さらに別の先祖を介しても六親等の血族であることを確認していました[15]。このような主張は、七親等の規則にかなうことを求める、血縁関係の評価における聖職者の厳格な方針をよく示しています。彼は、説得力を持たせるために、同輩であるポッポーに、二人の共通の先祖であるハインリヒ一世捕鳥王に至る関係親族の名前を伝えています。そのうえ、彼は国王に見せるために、親族の家系図も作成しています。これはのちにいくつもの写本に書き写されていて[16]、原本に最も近いのは、シュタインフェルト写本のものです[17]。この家系図はまた、ザーリアー朝の血縁関係において、ほかにもいくつもの違法な結婚があったことも明らかにしています。

そこからは、別のメッセージも読み取られます。シージュフロワは、書簡のなかで、「違法な結婚から生じたいかなる家系も、長きにわたり子孫を再生産することはできない

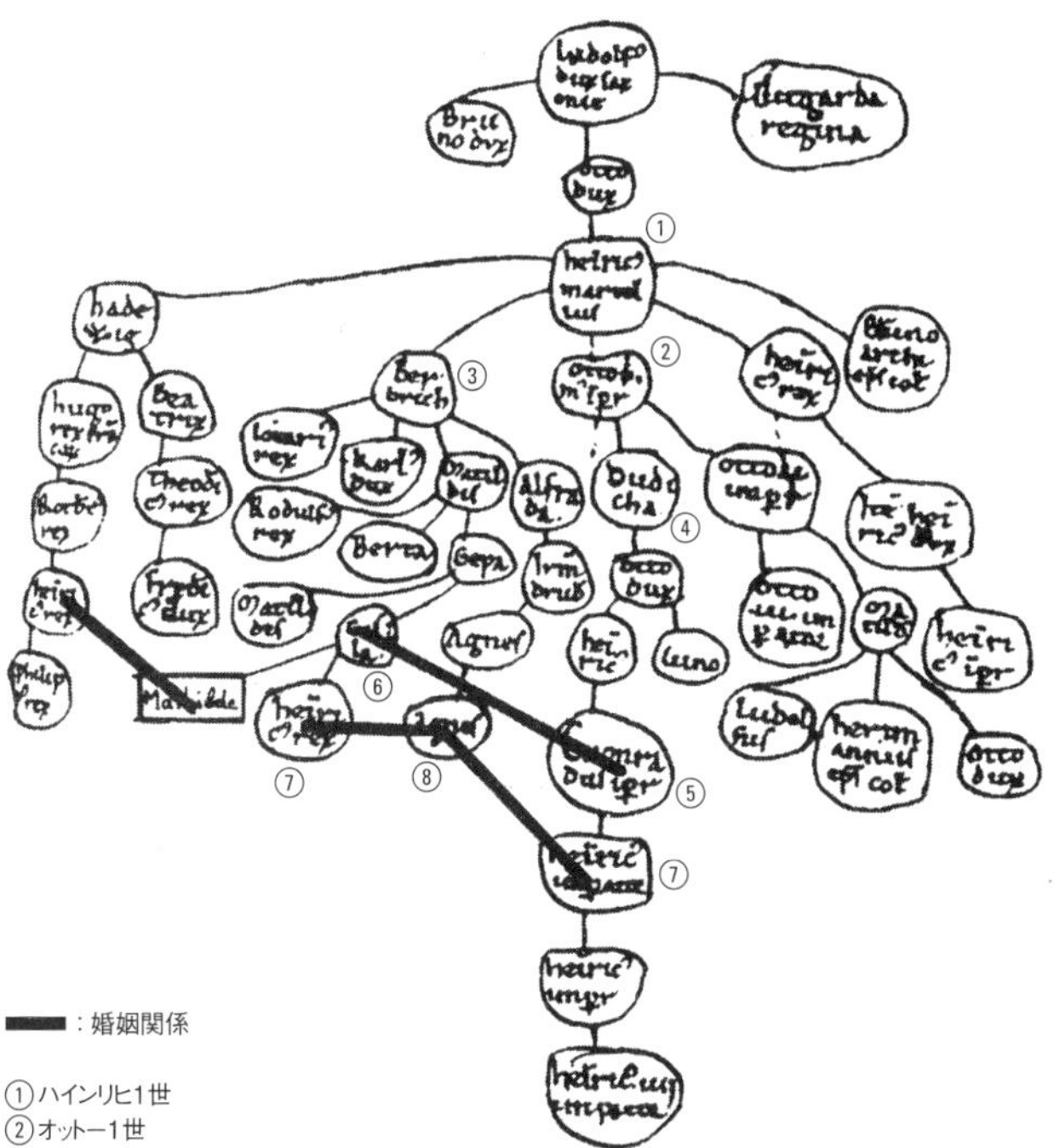

━━：婚姻関係

①ハインリヒ1世
②オットー1世
③ゲルベルガ　1)ロートリンゲン大公ギーゼルベルト妃
　　　　　　　2)西フランク王ルイ4世妃
④リーウトガルト　ロートリンゲン大公コンラート妃
⑤コンラート2世
⑥ギーゼラ　コンラート2世妃、母ゲルベルガはブルグント王コンラート3世の娘
⑦ハインリヒ3世
⑧アグネス・フォン・ポワトゥー（アニェス・ド・ポワトゥー）

シージュフロワの書簡中の家系図（シュタインフェルト写本、大英図書館所蔵）

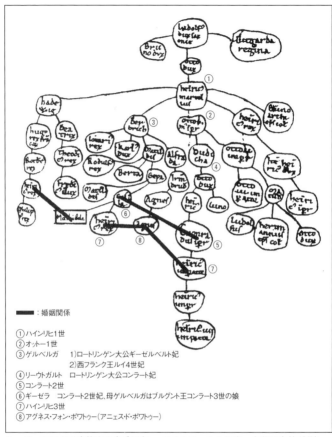

……これが真実であることは、かつては非常に大勢だった国王の親類縁者の子孫が、現在どれほど少数であるかということを注意深く調べてくだされば、国王自身が確認されるでしょう」と述べて、血族結婚の危険性に警告を発するよう配慮しているのです。実際、シュタインフェルト写本の家系図は、初代オットー朝国王ハインリヒ一世の子孫の家門の多くが消滅していることを目に見える形で示しています。教会人たちは、その企てにおいて、優生学的な説得手段、すなわち血縁関係によって子孫の間で引き起こされる退化という見解をためらうことなく用いたのでした。

この書簡は強烈なものでしたが、それでも、シージュフロワの攻撃は失敗します。これらの警告にもかかわらず、一〇四三年末、ハインリヒ三世とアニェスとの結婚は、司教団の幹部が出席して執り行われました。そのうえ、ローマ教皇もこの結婚をすでに認可していたらしいのです。一〇四〇年頃の時点では、教会による婚姻の厳格化は、とりわけ修道院を中心とした改革グループによって担われていました。結婚の問題に関しては、ドイツの司教たちはザーリアー王権の支持を失っており、慎重に行動せざるを得なかったのです。しかしこの結婚が、十一世紀後半の教会改革〔グレゴリウス改革〕の論争の際に、非難の的となったのも事実です。こうして、改革派教皇のもとで、教会は厳格さへ向かうこととなります。

五．十一世紀半ばにおける改革派教皇権による再燃

一〇五〇年頃、西欧の空気は、教会改革と教皇権の権勢拡大とともに急激に変化したのです。それが、結婚における血縁関係の禁止に対して及ぼした影響はどのようなものだったのでしょうか。

教会改革は、十一世紀半ばのその初期段階では、ドイツ王権とその司教団に指導されていました。[18] それは、一〇四九年から五八年にかけての、いわゆる「ドイツの教皇たち」の時代です。これらのドイツ出身の改革派教皇たちが、結婚に対する厳格な規準の適用を目指して断固たる行動をとったことが確認できるのです。このような動向の中心人物は、ヨーロッパのキリスト教世界全体において、かつてないレヴェルまで教皇権の権威を高めたことで知られる教皇レオ九世（位一〇四九～五四年）です。[19]

かつてロレーヌ地方の司教だったレオ九世は、フランスやドイツを行き来しながら、（聖職者のみならず、俗人に対しても、）結婚禁止事項の尊重を、シモニア（教会の職務と財産の金銭取引）に対する弾劾とともに、さまざまな要求の最上位に据えたのです。特に一〇四九年にランス

で開かれたような、影響力のある複数の教会会議において、彼はこの厳格な規則を幾度も確認し、幾組もの違法な結婚をしている貴族の夫婦を訴えました。封建制の危機に見舞われていたフランス王国は、伝統的な婚姻規律習慣の状態に留まっていたのですが[20]、教皇は、神聖ローマ帝国でその当時行われていた厳格な規則を、フランスでも尊重させることを目指したのです[21]。こうして一〇五〇年前後には、血縁関係の結婚禁止に関するドイツの聖職者の諸原則が国際化したのでした。

このような事実は、偉大な教会人であるイタリア人ペトルス・ダミアニ（一〇〇七～七二年）によって行われた規則の明確化によってさらに促進されます。その『血縁関係の段階について』という一〇四六年の論説において、ペトルスは、（ラヴェンナの法学者たちによって弁護されていた）古くからの脚立式（＝ローマ式）の血縁関係の数え方の妥当性に対して反駁を加え、七世代の規則に適合した教会法式の教え方の必要性について論証しました。約一五年後、教皇アレクサンデル二世（位一〇六一～七三年）は、一〇六三年の教皇法令においてペトルスの論証を踏襲し、それを教会の公式の見解とします。それは、ブルヒャルトの立場の勝利でした。

しかし、教皇は同時に世俗社会との折り合いもつけていきます。オットー朝時代には、教会法を信奉し、婚姻の規律の徹底を求める聖職者と、自分たちの家族に関する決定が訴追されることに憤慨した俗人との間で、時には武力さえ伴った深刻な対立が見られました。というのも、教会法はいかなる妥協も許さなかったため、たとえ過去の結婚であっても、親族間で行われた結婚はすべて解消されるべきであるとしたからです。これに対して教皇は、貴族による修道院の創設という敬虔な行為をその代償として、親族間の結婚が容認される可能性を少しずつ導入していきました。その典型例は、サン・テチエンヌ男子修道院と三位一体女子修道院という、都市カーンの二つの修道院の創設です。それらの創立者であるノルマンディー公ギヨーム、すなわち、のちのイングランドのウィリアム征服王(一〇八七年没)は、二つの修道院を創設することで、五親等の親族にあたるマティルド・ド・フランドルとの結婚(一〇四九年)を承認させたのでした。もっとも、一〇四九年のランス教会会議において、レオ九世はこの結婚に反対したのですが。こうして、何よりもまずローマ教皇によって統制された形で、いわゆる結婚特免の制度が導入されたのでした。

おわりに――十二世紀における結婚上の血縁関係の禁止

このように、紀元千年の頃にドイツで設定された厳格な規準は、一般的には尊重され、一一〇〇年頃にも、教皇権が教会をリードしていた状況下では十分尊重されていました。

けれども、まもなくその規準が逆効果の結果を生むことになります。教会法式の数え方によって七番目の世代まで拡大された結婚禁止は、キリスト教の下での結婚をめぐるもうひとつの規則である、婚姻の非解消を不安定なものとしたのです。中世という、社会的にも地理的にも細分化された世界においては、結婚の多くが血族間のものであることは避けがたいことでした。上流貴族層は、互いに結びついている限られた数の家族から構成されていました。村々の農村社会でも、同じことがいえます。そのような社会において、血縁関係を口実として、配偶者を追い出すことが容易になってしまったのです。「血縁関係を理由とした」離別の事例は増加し、その濫用を避けるために教会によって講じられた予防策も効果がないことが明らかでした。

よく知られた事例をひとつだけを引いておきましょう。一一五二年、フランス王国における教会会議で、国王ルイ七世とその妻アリエノール・ダキテーヌの婚姻解消が宣告されました。この夫婦はたんに分かり合えていなかっただけなのですが、フランスの司教たちは、五親等ないし六親等の血縁関係にあるということを理由として、この離別を認可したのです。その帰結はフランス王国にとっては劇的なものでした。アキテーヌ公領に対するカペー王権の支配が終了するとともに、アリエノールが、その後にイングランド王となるヘンリ(二世)と再婚したのちには、この公領はプランタジネット家の所領となりました。十二世紀の歴史は、この種の事件に満ちあふれています。

教皇は、法を現実の慣行に調和させる賢明さを持ち合わせていました。第四ラテラノ公会議(一二一五年)では、四番目の世代までに限定された結婚禁止の規則に立ち返るのみならず、特免があれば、この第四親等にあたるケースもお構いなしにすることさえできました。結局、教会法的過激主義は、ヨーロッパの歴史のなかの本筋とはならなかったのです。

最後に、十一世紀に立ち戻って、結婚上の血縁関係の禁止という教会の政策の根本的な理由について考えなければならないでしょう。なぜ、かくも過大な要求が行われたのでしょうか。強制が厳格化し、血縁関係の禁止範囲が拡大した時期は、教会が活性化し、おそらくその意向がヘゲモニーと化した時代に対応しています。紀元千年頃のドイツにおいて、司教団は王権によって守られ、裕福であり、比類ないレヴェルの権力を手にしていました。当時、彼らはそれぞれの管轄区域に深く根を下ろしていましたが、それが、中近世ドイツの歴史を特徴づけることとなる聖界諸侯領の起源です。打算的な結婚や結婚による結びつきをそれまでより難しくすることによって、オットー朝期の教会は、かれらのライヴァルだった世俗貴族層が力をもつことを妨害していました。同じライヴァルを相手にしていたドイツ王権は、この方策において教会を支持するしかなかったのです。

一〇五〇年以降、状況は変化しますが、王権は、結局、同じ政策を取りました。これ以後、ローマ教皇の周りに再編成された教会は、キリスト教社会を現実面で指導し、その諸慣行を根本的に道徳化することを要求しました。教会が厳格な規則を課すことができたのは、このような特殊な時期においてのことなのです。けれども、十二世紀になり、人口が増加し、より豊かになり、より複雑になった世界において、これらの規則を適用するのが困難であることが明らかになると、最終的には、教会はそれを緩和せざるを得なかったのでした。

1 C. Lévi-Strauss, *Les structures élémentaires de la parenté*, Paris, 1949.

2 P. Corbet, *Autour de Burchard de Worms. L’Église allemande et les interdits de parenté (IXème-XIIème siècle)*, Frankfurt am Main, 2001; K. Ubl, *Inzestverbot und Gesetzgebung. Die Konstruktion eines Verbrechens (300–1100)*, Berlin, 2008.

3 W. Hartmann, *Das Konzil von Worms, 868. Überlieferung und Bedeutung*, Göttingen, 1977.

4　訳注：以下では、特にことわりのない限り「親等」とは、この教会法式の数え方に依る。その場合、結婚する男女間で共通先祖までの親等数に差がある場合には、多い方をとる。

5　Reginon de Prüm, *De synodalibus causis et disciplinis ecclesiasticis libri duo*, hg. von. F. G. A. Wasserschleben, Leipzig, 1840.

6　訳注：一〇〇二年に結婚したケルンテン大公コンラート三世（オットー一世の曽孫）とマティルデ（父はシュヴァーベン大公ヘルマン二世、母はブルグント国王コンラート三世の娘ゲルベルガ）を指す。それぞれの祖先を四代さかのぼると、国王ハインリヒ一世に至る。ケルンテン大公コンラート三世は、オットー朝一族に属しており、この問題の重大さが想像できる。

7　*Vita Adalberonis II episcopi Mettensis, MGH, SS*, t. 4, pp. 659–660.

8　訳注：九九六年、ロベール二世は、父王ユーグ・カペーが決めた、年長で、まだ子供をもうけていなかった王妃ロザーラと別れて、夫と死別した直後のブロワ伯ウード一世妃ベルト・ド・ブルゴーニュと結婚する。しかし、父王ユーグ・カペーの母ハトヴィヒとベルトの母方の祖母ゲルベルガは、ともにオットー朝国王ハインリヒ一世の娘で姉妹だったので、ロベールとベルトは又いとこの関係だった。

9　訳注：オットー三世はオットー一世の孫であり、グレゴリウスの父方の祖母リーウトガルトはオットー一世の娘だった。つまりオットー三世と、グレゴリウスの父でありリーウトガルトの息子であるケルンテン大公オットーとはいとこ同士ということになる。

10　Burchard de Worms, *Decretorum libri XX, Patrologiae cursus completus. Series Latina*, t. 140, c. 537–1058. Cf. H. Hoffmann et R. Pokorny, *Das Dekret des Bischofs Burchard von Worms. Textstufen - Frühe Verbreitung - Vorlagen*, München (MGH, Hilfsmittel 12), 1991.　訳注：以下で取り扱われるブルヒャルト『教令集』第

七巻については、P. Corbet, *Autour de Burchard de Worms*, pp. 82–86 に、各教令の出典分析を含む内容一覧があるので、参照のこと。

11 ブルヒャルトは、教令のひとつにおいて、さらに厳格な数え方である「兄弟算定法《コンピュート・フラテルネル》」についての言及をそのまま載せさえしている。これは、世代を数える際、（共通の先祖の子ではなく）その孫から出発させるというもので、かなり早くに使われなくなったやり方だった〔それによれば、孫同士が一親等ということになる〕。これに関しては、E. Champeaux, 'Jus sanguinis. Trois façons de calculer la parenté au Moyen Age', *Revue historique de droit français et étranger*, 4e série, vol. 12, n° 2, 1933, pp. 241–290.

12 D. von Kessler, *Der Eheprozess Ottos und Irmingards von Hammerstein. Studie zur Geschichte des katholischen Eherechts im Mittelalter*, Berlin, 1923 (rééd., Vaduz, 1965).

13 P. Corbet, 'Interdits de parenté, hagiographie et politique. La *passio Friderici episcopi Traiectensis* (ca. 1024)', *Ius commune. Zeitschrift für europäische Rechtsgeschichte*, 1996, vol. XXIII, pp. 1–98. 訳注：二人の五代前（ギーゼラは四代前）の共通祖先はハインリヒ一世。

14 ゴルツ修道院長シージュフロワの書簡（一〇四三年）: W. von Giesebrecht, *Geschichte der deutschen Kaiserzeit*, 2. Bd., 5. Aufl., Leipzig, 1885, pp. 714–718.

15 訳注：二人の四代前の共通祖先は、ハインリヒ一世の娘ゲルベルガ。ハインリヒ三世の場合は、母ギーゼラからさかのぼる。ハインリヒ三世から数えて六代前の（アニェスからは五代前）の共通祖先はハインリヒ一世。ハインリヒ三世の場合は、父コンラート二世からさかのぼる。八三頁の家系図を参照。

16 N. Gädeke, *Zeugnisse bildlicher Darstellung der Nachkommenschaft Heinrichs I.*, Berlin/New York, 1992.

17 訳注：British Library, Add. MS. 21109, fol. 134.

18 訳注　このような動向の中心にあったのは、結婚問題で教会と対立しつつも、教会改革の理念には大いに共感していたハインリヒ三世である。ハインリヒ三世による一〇四六〜四七年のイタリア遠征では、幾度も教会会議を主催して、自身が推挙したバンベルク司教スイトガーを教皇クレメンス二世として選出させ、当時三人の教皇が鼎立していた混乱状態を終息させた。一〇四六年クリスマスには、クレメンス二世の司式の下、聖ペテロ大聖堂において自身と妃アニェスの皇帝戴冠式が執り行われている。翌一〇四七年一月にクレメンス二世が招集したローマ教会会議は、シモニア(聖職売買)を非難して、教会改革の口火を切ることとなった。ハインリヒ三世は、一〇四九年の教皇レオ九世の選出も主導したが、レオ九世は、ハインリヒ三世の又いとこにあたるドイツの最上級支配層の一員でもあった。

19 P. Corbet, 'Léon IX et les interdits de parenté', éd. par G. Bischoff et B.-M., Tock, *Léon IX et son temps. Actes du colloque international organisé par l'Institut d'histoire médiévale de l'Université Marc Bloch, Strasbourg - Eguisheim, 20–22 juin 2002*, Turnhout, 2006, pp. 343–354.　訳注：レオ九世は、教皇就任時には、ドイツ王国の西端に位置するロレーヌ地方のトゥル司教だった。

20 訳注：「封建制の危機」とは、ここでは、封建制による国王支配の弱体化の意味で用いられている。

21 同じ頃、理由はよく分からないが、教会による規制が姻族関係にも適用される傾向があったのだが、これに関しては、教会法のテキストからはまったく知られていないし、現在までほとんど指摘されていない。

堀越宏一訳

十二〜十三世紀における女性と政治権力

東部フランス諸侯領の場合

はじめに——東部フランスを考察対象とする理由

中世西ヨーロッパの政治生活における女性の関与についての考察は、現在、非常に盛んに行われています。ここ数十年来、ヨーロッパ諸国の皇妃や王妃の歴史を取り上げた著作は、もはや数えきれないほどです。二〇一〇年に、ドイツの、かの栄光に満ちたライヒェナウの地で企画された、[1]十一〜十四世紀のヨーロッパの王族や諸侯の女性に関するシンポジウムは、その良い例です[2]。

十二〜十三世紀のフランス王国においては、二人の王妃が注目を集めてきました。アキテーヌ女公であるとともにフランス王ルイ七世とイングランド王ヘンリ二世の妃でもあったアリエノール・ダキテーヌと、フランス王ルイ八世妃のブランシュ・ド・カスティーユです。前者については、あらゆる言語で伝記が書かれている一方[3]、後者は、十三世紀の偉大なフランス国王だった息子ルイ九世に関する著作のなかで特に多く取り上げられていま す[4]。

しかし、彼女たちをもって王妃の典型といえるのでしょうか。彼女たちと同時代の他の人物の足跡をたどり直すことも必要であるように思われます。ここで対象とする地域は、フランス東部です。フランス西部はアリエノールの事例がすべてを占めてしまいますし、またフランス南部は法制度が異なる別の文化世界だったからです。シャンパーニュ伯領、ブルゴーニュ公領、ヌヴェール伯領という三つの諸侯領を特に取り上げますが、他の諸侯領を排除するわけではありません。そもそもシャンパーニュ伯の一族であるチボー家は、当時の諸侯の妃たちを結びつける親族関係の中心に位置していたのですから[5]。

この広大な地域において、一一五〇年から一二五〇年の時期に、女性による統治が多く見出されるのです。情報は、叙述史料(年代記、歴史書)と公文書(証書)から得られます。「摂政」という言葉はこの時代にはまだ見られません。この言葉は十四世紀まで現れなかったのですが、これから私たちが見ることになる、女性が諸侯領または大領主領の統治の采配を振るうようになるという複数の状況を、適切に形容しています。

一．女性による数多くの統治

女性による統治は、よく起こり得ることでした。十三世紀前半は、女性権力者の黄金時代とみなすことができるかもしれません。なかでも亡きルイ八世の妃ブランシュが幼い息子ルイ九世の母として、その後ほぼ一〇年間続くことになる権力を獲得した一二二六年という年は、画期的な年でした。フランドルでは、ジャンヌ・ド・コンスタンティノープルがフランドル伯領を統治していました。ポンチューでは、一二二五年から三一年にかけて、女伯マリがこの伯領を治めています。ブルゴーニュでは、公妃アリックス・ド・ヴェルジイが、その長い摂政時代（一二一八〜三〇年頃）の半ばを過ぎたところでした。ニヴェルネ地方（＝ヌヴェール伯領）では、マオが、彼女の最初の寡婦時代の結果として生じた四年間の統治を終えたところでした。そして、北に目を転じれば、ルクセンブルク女伯エルムザンド・ド・リュクサンブールが、二〇年余にわたる輝かしい寡婦時代を開始していました。[6]

一二二六年時点では、シャンパーニュ伯家は例外であるように見えますが、シャンパーニュ伯家が支配する諸領域でも、一二〇一年から二二年にかけて二一年間続いたチボー三世妃ブランシュ・ド・ナヴァールの統治をやっと終えたばかりのところでした。また、シャンパーニュ伯一族の発祥地であるブロワ伯領は、一二一八年以来、女伯マルグリットの手中にありました。この十三世紀の第二・四半世紀初めのフランスでは、少なくともその北東部を占める三分の一の地域においては、女性が政治の中心にあったのです。このブランシュ・ド・ナヴァールと仏王ルイ八世妃ブランシュ・ド・カスティーユという二人のブランシュのことを考えると、それはまさしく「偉大な摂政時代」であったということができます。

さらに、これに先行する半世紀においてもまた、ここに挙げた諸侯領の多くは女性によって統治されていました。ブルゴーニュ公領は一一六二～六五年にかけて、ブルゴーニュ公ウード二世妃マリ・ド・シャンパーニュの時代であり、シャンパーニュ伯領は一一八一～八七年、次いで一一九〇～九七年にかけて、シャンパーニュ伯アンリ一世妃マリ・ド・フランスの時代でした。こうしてみると、チボー家が統治するシャンパーニュ伯領は一一八一～一二二二年の間、ほぼ継続的に女性によって支配されていたことに気づかされます。また、クーシー領主領は一一九〇～九七年まで、領主ラウル一世妃アリックス・ド・ドリユーによって統治されています[7]。バール伯領は、これより少しさかのぼった一一七〇～七四年にかけて、バール伯ルノー二世妃アニェス・ド・シャンパーニュによって支配されていました。こうした女性たちに加え、ヌヴェール伯ギヨーム三世妃イド・ド・カランティ、ロレーヌ公マチュー一世妃ベルト・ド・スアブ、またフランス王ルイ七世妃アデル・ド・シャンパーニュのような、強力で継続的な影響力があったことで知られる女性の名を加えるならば、中世の政治における女性の役割を考えるに値するのは、第二回十字軍（一一四七～四九年）から第七回十字軍（一二四八～五四年）に至る一世紀間でしょう[8]。

このように、妃たちによる統治は決して例外的な現象ではありませんでした。王妃ブランシュ・ド・カスティーユの状況が特別だったわけではないのです。また、これらの王侯貴族の女性たちが広く親戚関係にあったことも、当時の女性による統治の特徴です。シャンパーニュ伯妃ブランシュ・ド・ナヴァールと王妃ブランシュ・ド・カスティーユの二人に見られるブランシュという名前の一致や、スペインという彼女たちの共通の出自、彼女たちがいとこ関係にあったことはすでに強調されてきました[9]。それだけではありません。ここで挙げた妃たちのほぼすべてが、親戚であるとみなすことができるのであり、シャンパーニュ伯チボー二世とその妃マティルド・ド・カランティの子孫の家系が、彼女たちのほぼ全員をひとつに束ねているのです。年代順で最初の女性であるヌヴェール伯妃イド・ド・カランティは[10]、その姉マティルド・ド・カランティを介して、ブルゴーニュ公妃マリ、バール伯妃アニェス、フランス王妃アデルの叔母であり、姻戚関係によってシャンパーニュ伯アンリ一世妃マリ・ド・フランスの叔母でもありました。直系または姻戚関係によって、彼女の甥〔シャンパーニュ伯アンリ一世〕の娘にあたる者のなかには、フランドル伯ボードワン九世妃マリとシャンパーニュ伯チボー三世妃ブランシュ・ド・ナヴァールが含まれています。

これら親族関係にある王侯貴族の女性たちは、一族や封建制に関わる儀式の際に顔を合わせていましたし、ある女性たちは一緒に旅行することを計画しています。ブラバント公アンリ一世妃マティルド・ド・ブーローニュとフランドル伯ボードワン九世妃マリ・ド・シャンパーニュは、一一九六年に二人で南仏サン・ジル・デュ・ガールへの巡礼に出かけているのですが、二人はお互いを敬いながら友情で結ばれていました[11]。他方で、これらの女性たちは互いに競い合ってもいました。一二二六年のフランス王ルイ九世即位の際の聖別式において、叔母と姪にあたるシャンパーニュ伯チボー三世妃ブランシュとフランドル女伯ジャンヌは、その式の間、ルイ九世に捧げる王剣を持つ役をめぐって争いました。こうしてみると、これまで書かれてきたほどには、女性による統治が特別なことではなかったという評価を下すことができます。ではどのような状況のもとで、一部の貴族の女性たちが、自分の所領の管理を行うようになったかを次に見ていきましょう。

二．女性による統治の諸類型

これについては、主に三つの状況が見出されます。それは、娘として相続人となる場合、夫が不在である間の統治者である場合、夫亡き後、相続人である子供を後見する場合です。いずれの場合にも、さまざまに異なる条件の下ではありますが、妃たちが所領の統治に巻き込まれていったことがはっきりしています。

〈A　女子相続人〉　最初は、相続によって権力を行使することになった妃たちの事例です。それは主に、一人娘、あるいは姉妹のうちの長女、または男子の兄弟が亡くなった後に残された女子についてです。一一五〇年から一二五〇年の間には、そのような状況は、フランス王家と、ここでの検討の中心であるフランス東部の大諸侯領では知られていませんが、ほかの地方では、よくあることでした。

たとえば、フランドル伯領では、ジャンヌ・ド・コンスタンティノープルと、彼女の跡を継いだ妹のマルグリットが統治を行っていました[12]。また、ヌヴェール伯領は、母アニェスの女子相続人として、マオ・ド・ヌヴェールの権力下にありました。ブロワ女伯マルグリットも、兄ルイと甥チボー六世が亡くなった跡を一二一八年に継いだのですが、続いて彼女の娘マリ・ダヴェーヌがその跡を継ぎ、母親の所領を相続しています。

さらに、デオルとブルボンの領主領、サン・ポル伯領とポンチュー伯領、あるいはかつてのロタリンギアの領域においても、別の事例を示すことができます。それら妃のなかでは、ドゥニーズ・ド・デオル(三歳)、ジャンヌ・ド・コンスタンティノープル(四歳)[13]、マオ・ド・ヌヴェール(八歳)[14]のような非常に幼い女子相続人と、ポンチューやサン・ポルの女伯(二〇〜三〇歳)[15]、あるいは約五〇歳だったマルグリット・ド・ブロワのような[16]、より経験が豊かな人物とを区別したくなるかもしれませんが、しかし、ここではそれが重要なことには思われません。

これらの女子相続人による統治はどのようなものだったのでしょうか。おのおのの史料からはあまり幸福なイメージは見られません。その典型例は、一一七三年に生まれ、三歳でベリー地方の有力領主領の女子相続人となったドゥニーズ・ド・デオルです[17]。未成年の彼女は、当時、ベリー地方を支配していたプランタジネット朝のヘンリ二世の監督下に置かれ、彼はこの幼女とあるイングランド人男性との結婚を取り決めたのですが、男性が若くして亡くなったため、二人が一緒に暮らすことはありませんでした。一一九〇年頃、〔ヘンリ二世に続く〕リチャード一世獅子心王は、彼女を自分の家臣の一人アンドレ・ド・ショヴィニィと再婚させたのですが、この二番目の夫は一一九九年に主君リチャードを亡くしたために、以後、フランス王フィリップ二世の機嫌をうかがわねばならなくなります。さらに具合の悪いことには、二人の結婚は近親婚であるとして非難されました。しかしこの夫婦は、生活を長年ともにした点や多くの子供が生まれたことを申し立てて、教皇インノケンティウス三世による裁決において、弁護に成功しました。しかしアンドレは、一二〇二～〇三年に、ジョン欠地王に囚われたまま、おそらく暗殺によって亡くなります。寡婦となったドゥニーズは、サンセール伯ギヨーム一世と再婚しましたが、その少し後に、彼女は三三歳か三四歳で亡くなってしまいました。〔G・ドゥヴァイィなどによって〕これまで書かれてきたように、それは、危機から危機へと引き回され続けた一生でした。

　ドゥニーズ・ド・デオルのような「城付き娘」は、彼女たちを自分の都合の良いように結婚させる、より上位の有力者の野心に翻弄されたのでした。女子相続人であるこれらの妃は皆、二度三度、結婚（あるいは婚約）し、幾度も夫を亡くし寡婦となっています。そこから引き出されるひとつの図式は、跡継ぎの息子を残して亡くなり、カトリック教会による死者祈念の対象となってしまった最初の夫の跡を、二番目の夫が引き継ぎ、妻となった妃を支えて所領の防衛に努めるというパターンです。このような二番目の夫の多くは、野心的で、そのうえ冒険好きな、領主家門の次男以下の息子たちでした。

　彼女たちの生涯が多難であるとともに、その統治が、不幸な結末を迎えることが多かったのも事実です。「糸巻き棒〔＝女性〕の手に渡った」伯領や領主領が衰退する事例はとても多く見られるのです。デオルとブルボンの領主領は凋落し、サン・ポル伯領とポンチュー伯領は解体されてしまいました。マルグリットが統治したブロワ伯領も、その消滅を阻止することはできませんでした[18]。フランドル伯領の衰退も、女伯ジャンヌの統治の結果として起こりました[19]。一一五〇年から一二五〇年にかけて、アリエノール・ダキテーヌも含めて[20]、相続した所領を支配することになった女性のなかで、政治的に成功した者はいないのです。

〈B　夫ないし息子が不在である時の代理統治者〉

　これらのケースとはまったく異なっているのですが、妃たちが権力を持つに至ったもうひとつの状況は、自分の夫または息子の不在時に負うことになる重責に由来します。男たちが遠くに行く理由は、追放や捕虜などさまざまです。一二一四年のブーヴィーヌの戦いののち、フランドル伯フェラン・ド・ポルテュガルは、一三年間の捕虜生活を強いられ、伯領の統治は妻であるジャンヌに委ねられました。

しかし、多くの妃たちを権力に導くことになったのは、家長である夫や息子の十字軍出発と、Cで述べるように、未成年の相続人の保護者に任じられた妻あるいは家門の別の女性に統治権が移譲されるという二つのケースです。第二回十字軍では、フランドル伯妃シビーユ・ダンジューとヌヴェール伯妃イド・ド・カランティがそれぞれの領国を率いました。シャンパーニュ伯アンリ一世妃マリ・ド・フランスは、一一七九年から八一年にかけて夫が聖地遠征中のシャンパーニュ伯領を管理し、一一八一年から八七年にかけては未成年の息子アンリ二世の摂政となり、一一九〇年から九七年には、アンリ二世の第三回十字軍参加のために再び同じような状況に置かれています。[21] 一一九〇年、フランドル伯フィリップ・ダルザスは、妃マティルド・ド・ポルテュガルに十字軍参加中の領国の管理と保護を委ねました。

このような状況は、一二〇〇年以後にも続きます。この時期に関しては、王妃ブランシュ・ド・カスティーユの事例がそれにあたります。彼女は、第七回十字軍に出発した聖王ルイの不在時、その人生最後に再び権力の手綱を握ったのです。

したがって、十字軍時代が、女性に重要な役目を果たす機会を与えたことに疑う余地はありませんが、個別に見ていくと、彼女たちが政治的決定を下せる範囲は限られたものだったことが分かります。一一四七年から四九年にかけて夫の留守を任されたヌヴェール伯妃イド・ド・カランティは、当時、王政を担っていたサン・ドニ修道院長シュジェールの保護下にあったように思われます[22]。シャンパーニュ伯妃マリは、一一七九年から八一年の夫アンリ一世鷹揚伯不在の間、ごくわずかの（そしてあまり影響のない）証書しか作成させていません。ルイ七世妃アデルについては、彼女が一一九〇年に立てられた摂政職を担った時、「支援され、監督されて」いたのでした[23]。

結局、十字軍はそれ自体で、女性たちに新たな権力をもたらすことはなかったように思われます。十字軍に出発した男性たちが計画した遠征期間が短かったことと、教会によってその間の現状維持が保証されていたことが、彼女たちによる駆け引きの余地を限定していました。しかし、だからと言って、妃たちの政治参加という問題に関して、十字軍がいかなる役割も果さなかったというわけでもないのです。このことは、「おわりに」で確認しましょう。

〈C　偉大な摂政時代――未成年の息子の後見人としての寡婦〉　歴史に名を残した妃に多く見られるのは、未成年の相続人の後見人としての寡婦であるケースです。先に引用した二人のブランシュだけでなく、[24] シャンパーニュ伯妃マリ・ド・フランスや、クーシー領主妃アリックス・ド・ドリュー、バール伯妃アニェス・ド・シャンパーニュ、ブルゴーニュ公妃アリックス・ド・ヴェルジィなどもこの範疇に入ります。ヌヴェール伯妃イド・ド・カランティもまたそのようなケースに属していました。しかし、十二〜十三世紀における、これらの女性摂政の命運はかなり多様です。

まず、彼女たちが権力を手にすることとなった期間が長いということは、決して無視できません。ブランシュ・ド・カスティーユやアリックス・ド・ドリュー、アニェス・ド・シャンパーニュの場合は、五年から八年でした。アリックス・ド・ヴェルジィは一〇年以上、二人のシャンパーニュ伯妃マリとブランシュは、それぞれ一五年と二一年と、さらに長期に及びました。[25] これらの数字は、彼女たちが単独で権力を保持した期間です。

しかし、幼児であった相続人が成人となるとともに、彼女たちの影響力が及ばなくなるわけではなかったという事実にも注意しなければなりません。そもそも、彼女たちの摂政時代がいつ終了したのかということは、史料のなかでは決して語られていないのです。戦い続け、二二一年間消耗を強いられたのち、一二二二年に引退した〔シャンパーニュ伯妃〕ブランシュ・ド・ナヴァールの場合は別として、家族の問題についての彼女たちの影響力が引き続き維持されたことは、あらゆる点で明らかです。とりわけ、このことは年老いて亡くなった妃たちに顕著です。王妃ブランシュ・ド・カスティーユに関しては、第七回十字軍まで聖王ルイと「共同王政」を行っていたと語られてきました。特にこれら妃たちの立場の強さは、相続人が東方〔＝聖地〕に出発し、彼女たちに再び権威を委ねた時に、明確になります。一二四八年における王妃ブランシュやブルゴーニュ公妃アリックス〔・ド・ヴェルジィ〕のケースがそれにあたります。それは、いわば「第二の摂政時代」と呼び得るようなものでした。

十二〜十三世紀には、未成年あるいは若い息子たちの母親兼後見人である女性が数多く存在し、決定的な権力を行使しましたが、それらの妃たちの権威は、すべて抵抗なしに受け入れられていたわけではありません。権力の行使に際して抵抗を受けるか否かについては、その家族内の状況を検討する必要があるでしょう。

示唆的な事例として、十二世紀のブルゴーニュ公妃マリ・ド・シャンパーニュが挙げられます。彼女は一一六二年にウード二世の死により寡婦となり、一一六二年九月から六五年四月にかけては、公領の統治を摂政として単独で担っていました。しかし、息子であるユーグ三世を、彼の意志に反して結婚させようとしたために、彼と仲違いすることとなります。[26] その強引なやり方は凶と出たわけです。一一六四年頃、マリは国王ルイ七世に訴え出て、「我が最悪の息子」について不平を言い、取り上げられてしまった自分の寡婦資産の返還を要求しています。「私は追い払われ、追放中です。かつては富んでいましたが、今や乞食同然。かつては公妃でしたが、今や権力のかけらもないも同然」と述べています。皇帝フリードリヒ・バルバロッサが自らこの事件の仲裁役として介入しました。事は、母親側の不利益のうちに決着し、彼女は権力を奪われ、やがて修道院に隠遁させられました。彼女が一一九〇年に亡くなった時、息子による死者追悼文書では、公妃という言葉は用いられていません。ひとりの妃が、その上流の出自にもかかわらず追放されたこの事件は極端なケースです。

同じような状況は、一一九五年に亡くなったロレーヌ公妃ベルト・ド・スアブと、その後の二世代にわたるロレーヌ公家にも見受けられます。このほかにも困難に陥った母親たちの例をいくつか紹介しましょう。東方の十字軍諸国家では、一一四三年から五〇年にかけてイェルサレム王国の摂政となった王妃メリザンド・ド・ジェリュザレムの事例が強い印象を与えています。彼女は息子であるボードワン三世と対立し、彼の反抗によってついには遠ざけられました。[27] 前述したブルゴーニュ公妃マリ・ド・シャンパーニュの不幸は、その妹でフランス王妃だったアデルによって繰り返されたようです。彼女もまた、息子であるフィリップ二世が父の跡を最終的に継いだ一一八〇年に、一時的に遠ざけられます。この女性君主は、その寡婦資産を脅かされて、国王宮廷から逃げ出し、自分の実家に身を寄せなければならなくなりました。

　これらの紛争は、純粋に個人的な原因に起因するものだったのでしょうか、それとも、そこには構造的な要因が認められるのでしょうか。構造的要因の仮説が有力です。まず、次男以下の息子たちの存在が、妃たちの摂政期の諸関係を混乱させる可能性がありました。もっとも若い息子が母親のお気に入りとなった事例は、多数あります。ヌヴェール伯妃イド・ド・カランティは、長男ギヨーム四世よりもその弟のギーと親密でしたし、メリザンド・ド・ジェリュザレムは、長男であるボードワン三世の六歳下で、一一三六年生まれのアモーリを可愛がっていました。ロレーヌでは、ベルト・ド・スワブは、長男であるロレーヌ公シモン二世ではなく、二番目の息子であるフェリー・ド・ビッチに長期にわたって露骨に加担しています。リチャード一世獅子心王に対するアリエノール・ダキテーヌの愛情と、[28]シャルル・ダンジューに対するブランシュ・ド・カスティーユの愛情もまたよく知られています。[29]

他方、相続人の側に若い妻がやってくることもまた、老寡婦の影響力を弱める可能性がありました。公ユーグ三世とアリックス・ド・ロレーヌの結婚に伴うブルゴーニュにおけるケースは、間違いなくそれです。[30]聖王ルイが、自分の母と妻マルグリット・ド・プロヴァンスとの間で悩まされたことも思い出されます。[31]

しかし主要な要因は間違いなく、摂政時代の開始時における、相続人である息子の年齢でした。長期間にわたって後見が続く場合には、それは、子供が幼い時に始まっているのです。ブランシュ・ド・ナヴァールの場合はその極端な事例で、のちにシャンパーニュ伯チボー四世となる彼女の子供は、父親の死後に生れたため、この伯妃は二一年間にわたってその領国を指揮しました。その他の事例にも事欠きません。ブルゴーニュ公妃アリックス・ド・ヴェルジィの場合、その唯一の息子だったユーグ四世は、その父親が亡くなった時、五歳でした。

子供がより年長で、封建法上の成人年齢に近い場合には、不和と緊張が生じます。先述のブルゴーニュ公ユーグ三世は、一一六二年の登位時には一四歳で、まもなく一一六五年には母マリ・ド・シャンパーニュを追放してしまいます。フィリップ二世は、父王ルイ七世が亡くなった一一八〇年には一五歳で、すでにその前年に国王としての聖別を受けていました。ロレーヌ公シモン二世は、一一七六年に父である公マチュー一世が亡くなった時、少なくとも三六歳だったので、母親ベルト・ド・スアブの多くの要求は彼をうんざりさせたのだろうと推察されます。結局、これらの摂政の務めが挫折したという事例は、逆に、一一五〇年から一二五〇年の時代に権力を握った妃が成功した時の状況の理解に役立つのです。

三. 女性的な統治スタイルは存在するのか?

これらの統治について、今ここでそれらを比較して分析することはしませんが、いくつかの共通の事実を強調しておくことには意味があるでしょう。まず挙げられるのは、これらの妃たちが戦略面や軍事面にも関与していたということです。ブランシュ・ド・ナヴァールは、シャンパーニュ伯領の境界を守る城砦を建設させました。さらに、妃たちはおそらく戦闘にも参加したのでしょう。エルムザンド・ド・リュクサンブールは、実際に軍隊を率いたことを史料で裏づけることこそできませんが、その移動と軍事活動に責任を負っていました。彼女は、囲壁で防御された村を占領、破壊し、家畜を奪い、所領管理人を殺害したとして、一二二六〜二七年に訴えられています。マオ・ド・ヌヴェールは一二四八年、ロルムの城主支配領域にある家々や広場に火をかけました[32]。ブランシュ・ド・ナヴァールは軍隊の指揮を執り、ナンシーの町を焼き払っています[33]。また、女性による統治が、優しさや柔らかさという印象を与えることもありません。ジャンヌ・ド・フランドルは、偽ボードワン事件の時、反乱を起こした都市を処罰し、さらに偽のボードワンなる人物を絞首刑に処しました[34]。ブランシュ・ド・ナヴァールは取締り役人や間諜を用いて、無慈悲に戦いを遂行したようで、十九世紀のある歴史家は、「ブランシュの手の者は至る所にいた」と述べています。

彼女たちが、修道院や教会関係機関を相手にして争う際のその荒々しさも共通した特徴です。ヴェズレーの修道士と対立したヌヴェール伯妃イド・ド・カランティのケースは有名で、その修道院の年代記作者は、彼女のことをヒュドラと毒蛇にたとえたほどでした[35]。しかし、本質的な点では、他の妃もほとんど変わるところはありません。バール伯妃アニェス・ド・シャンパーニュは、サン・ミエル修道院とヴェルダン司教座教会の所領に大損害を与えました(一一七二〜七七年)[36]。自身の支配領域を、リエージュ司教による「神の平和」

の対象外にしようと欲したマティルド・ド・ブラバンは、その司教支配下の領民や聖職者に刃向かいました（一一九三年）[37]。エルムザンド・ド・リュクサンブールもまた、ルベとスタヴロの両修道院と深刻な揉め事を起こし、略奪を行い、死者も出たほどでした（一二二七年）[38]。

いずれのケースでも、これらの手強い王侯貴族の女性たちに、教会による制裁が振りかざされました。彼女たちは破門の対象となり、その所領には聖務停止令が科されました。ロレーヌ公妃ベルト・ド・スアブは、メッス司教に選出されていた自分の息子が彼女に対して抵当に入れていた所領を返還することをためらったために、一一九一年に破門によっておどされています[39]。イドやマティルドに関しては、悪王妃イゼベルという旧約聖書中の人物に繰返し譬えられているのですが[40]、史料によっては、これと正反対の評価も与えられています。確かに、これらの妃は皆、新しい修道会やその修道院に対しては気前が良かったのでした[41]。

おわりに――妃による統治の背景

ここまで、アリエノール・ダキテーヌとブランシュ・ド・カスティーユに挟まれた時代における、女性による統治を見てきました。ここで言及された王侯貴族の女性たちは、女性権力者の歴史における特殊な時代を体現しているのでしょうか。幾人かの研究者はこの点を積極的に評価して、一二〇〇年頃に女性の政治的役割の増大があったと説明していいます。それはまず、女性は、未成年の子供に代わって統治を行う権利を有するという観念が、それ以前よりも広く受容されるようになったためであり、さらに、とりわけ封建的主従関係の強化と行政文書の発達という二つの点を特徴とする統治機構の進化のためでした。こうして新しく生み出された状況が、女性による権力の行使を容易にしたというのです。

このような光の当て方に対しては、微妙な陰影が存在しています。第一に、私が説明してきた諸状況については、先行する数世紀間においても類似例が見られます。君主による妻への権力の委託は、一〇六六年にウィリアム征服王からノルマンディ統治を任された王妃マティルドのケースが有名です。自分の幼い子供の運命を守るのに熱心な寡婦は、一一〇〇年以前にも数多く存在しました。老寡婦による家族内のいざこざや、長子の利益を損なう年下の息子たちへの偏愛は、オットー朝ドイツ皇帝や初期のカペー朝フランス国王に関してよく知られています。妃たちによる軍事作戦の指揮は例外的なものではなく、また修道院に対する侵害も同様でした。要するに、一一五〇〜一二五〇年に妃たちが直面した諸状況と彼女たちの行動には、何ら目新しいものはないのです[42]。それらはまた、中世後期においても見ることができます。

第二に、一二〇〇年代における統治に関するリテラシー〔＝文書行政〕の発達については、それが特に、権力を握った妃たちの活動に帰されるかというと、そうともいえません。それは、彼女たちがいなくても起こっていた一般的な現象です。他方、より女性に好都合な統治の新時代が到来したという考え方は、貴族社会の軍事的色合いが低下するとともに、貴族層の生活慣習が温和なものになったという考え方と対をなしています。しかし、これまで見てきたように、この点に関して、ここで検討した王侯貴族の女性たちの事績はまったくあてはまりません。血気盛んで、喧嘩早く、執念深い彼女たちでしたから、政治的諸関係が和らいだためしなどありませんでした。

結局、一一五〇年から一二五〇年にかけての一世紀間の特殊性を明らかにしたいと望むならば、別の光の当て方が役立ちそうです。それは、十字軍ならびに十二世紀半ば以降に「聖地への渡航」が増大したことによって生じた変化という観点です。貴族階層の男性メンバーによる、数多くの、そして幾度も繰り返された十字軍への出発が、直接的に女性を封建家門のトップに据えたのではありません。そのことは先に見たとおりです。そうではなくむしろ、男性の死亡率の増大をもたらした人口学的なさまざまな理由に加えて、特に、家系の長の不在が頻繁になり、さらには恒常的なものになり、女性に鍵を預けることが例外的なことではなくなったことが重要です。そこから、女性の自立性が生み出され、女性への信頼が一般化していったのです。相違点は当然ありますが、一九一四〜一八年の第一次世界大戦によって変化したフランス農村部の生活が思い起こされます。そこでは、男たちが前線へ出発したことが、女たちを農業経営のトップに据えたのでした。そして、一般に、女性の地位向上はこの時に始まるとされるのです。

1　訳注：ライヒェナウは、ドイツ南部のコンスタンツ湖に浮かぶ島。そこには、七二四年に創建された修道院があり、その後、カロリング朝やオットー朝の手厚い庇護を受けて繁栄した。豪華な写本制作など、学問と芸術の中心となったことでよく知られている。

2　Dir. C. Zey, *Mächtige Frauen? Königinnen und Fürstinnen im europäischen Mittelalter (11.–14. Jahrhundert)*, Ostfildern, 2015. この論集には、私の論文も含まれているので、参照されたい。P. Corbet, ‘Entre Aliénor d’Aquitaine et Blanche de Castille. Les princesses au pouvoir dans la France de l’Est’, pp. 225–247.

3　U. Vones-Liebenstein, *Eleonore von Aquitanien. Herrscherin zwischen zwei Reichen*, Zürich, 2000; J. Flori, *Aliénor d’Aquitaine. La reine insoumise*, Paris, 2004; R. V. Turner, *Eleanor of Aquitaine. Queen of France, queen of England*, New Haven (Connecticut)/London, 2009.

4 G. Sivéry, *Blanche de Castille*, Paris, 1990. Cf. J. Le Goff, *Saint Louis*, Paris, 1996. J・ル・ゴフ『聖王ルイ』岡崎敦・森本英夫・堀田郷弘訳、新評論、二〇〇一年。

5 主な情報源は、以下の古典的な著作である。H. d'Arbois de Jubainville, *Histoire des ducs et des comtes de Champagne*, Paris, 7 vol., 1859–69; E. Petit, *Histoire des ducs de Bourgogne de la race capétienne*, 9 vol., Dijon, 1885–1905; R. de Lespinasse, *Le Nivernais et les comtes de Nevers*, 3 vol., Paris, 1909–14.

6 *Ermesinde et l'affranchissement de la ville de Luxembourg. Etudes sur la femme, le pouvoir et la ville au XIII*^{e} *siècle*, Luxembourg, 1994 (spécialement dans ce volume : M. Margue, 'Ermesinde. Notice biographique', pp. 11–27; id., 'Ermesinde, comtesse de Luxembourg. Questions nouvelles pour une réinterprétation de son règne', pp. 181–210; K.-U. Jäschke, '« Ermesindis comitissa ». Zur Stellung von Frauen in der Politik während des 12. und 13. Jahrhunderts', pp. 275–309).

7 D. Barthélemy, *Les deux âges de la seigneurie banale. Coucy (XI*^{e}*–XIII*^{e} *siècle)*, Paris, 1984.

8 訳注：ここでいう第七回十字軍については、第六回十字軍に数えられることもある。一二四九年に、ルイ九世はパレスティナからエジプトへ移動し、翌一二五〇年のマンスーラの戦いに敗北後、アッコンへ移り、五四年までパレスティナに留まった。

9 訳注：正確には、王妃ブランシュ・ド・カスティーユの父であるカスティリア王アルフォンソ八世が、その父方母方双方を介して、ブランシュ・ド・ナヴァールの本いとこ。

10 訳注：イドの摂政期が、他に先駆けて、一一六一年に始まることを指す。本文中では指摘されていないが、夫であるヌヴェール伯ギヨーム三世は、一一四七〜四九年の第二回十字軍に参加しているので、この時期にすでに、イドに伯領の統治が委ねられていたと思われる。

11 訳注：マティルド・ド・ブーローニュの祖父であるイングランド王スティーヴンと、マリ・ド・シャンパーニュの祖父であるシャンパーニュ伯チボー二世が兄弟なので、両者は、又いとこ同士にあたる。

12 Dir. N. Dessaux, *Jeanne de Constantinople, comtesse de Flandre et de Hainaut*, Paris/Lille, 2009 (notamment G. Sivery, 'Jeanne et Marguerite de Constantinople, comtesses de Flandre et de Hainaut au XIIIe siècle', pp. 15–30).

13 訳注：すでに出てきたフランドル女伯。ジャンヌの生年については、一一九四〜一二〇〇年の間という程度の事しか分かっていないが、ここでは、おそらく一二〇五年の時点で、「四歳」とされている。

14 訳注：ここで、「八歳」とされている事情の詳細は不明。マオは一一八七年頃の生まれで、九三年頃にヌヴェール伯領の女子相続人だった母アニェスを亡くしているので、マオに、ヌヴェール伯領の相続が託された時には、約六歳だったように思われる。

15 訳注：ポンチューの女伯とはマリ・ド・ポンチュー、サン・ポルの女伯とはエリザベト・ド・サン・ポルのこと。

16 訳注：マルグリットは一一七〇年生まれなので、一二一八年の甥チボー六世の死去時には、ほぼ四八歳。

17 彼女のケースについては、G. Devailly, *Le Berry du Xe au milieu du XIIIe*, Paris, 1973, pp. 438–441 を参照。

18 訳注：マルグリット・ド・ブロワとマリ・ダヴェーヌの人物説明を参照。

19 訳注：ジャンヌが男子相続人を残さなかったことを指していると思われる。ジャンヌの死後、その妹マルグリットの息子であるギーが伯位を継いだ一二七八年以後のフランドル伯領はダンピエール家が相続していくが、フランス王権の積極的進出とそれに対抗するフランドル諸都市という動向のなかで混乱に巻き込まれていった。一三八四年に、伯ルイ二世が亡くなった後、女子後継者となったマルグリットの嫁ぎ先であるヴァロワ家ブルゴーニュ公がフランドル伯領を支配することとなる。

20 訳注：アリエノール・ダキテーヌは、アキテーヌ公領を中心とするフランス西南部の一大諸侯領群の女子相続人だったが、プランタジネット家のヘンリ二世との結婚後、それらの領域は同家に移り、その後、百年戦争の終結に至る過程で、最終的にはそのすべてが失われていった。

21 訳注：マリ・ド・フランスの人物説明を参照。

22 訳注：当時、シュジェールは、第二回十字軍に参加していた仏王ルイ七世の摂政に任じられていた。

23 訳注：アデル・ド・シャンパーニュの人物説明を参照。引用は、D. Barthélemy, *op. cit.*, pp. 412–413.

24 訳注：シャンパーニュ伯チボー三世妃ブランシュ・ド・ナヴァールとルイ八世妃ブランシュ・ド・カスティーユ。

25 訳注：シャンパーニュ伯アンリ一世妃マリ・ド・フランスの統治期間については、夫と息子の十字軍参加期間を含む。

26 訳注：ユーグ三世は、一一四八年生まれなので、六二年の父公死去時に約一四歳。興味深いことに、六五年に彼が迎えた最初の妃は、次に出るベルト・ド・スアブとロレーヌ公マチュー一世の長女だったアリックス・ド・ロレーヌ。以下に続く、母マリがルイ七世に訴えた内容の出典は、dir. L. Delisle, *Recueil des historiens des Gaules et de la France*, t. 16, Paris, 1878, p. 68, nº 214.

27 M. Balard, 'Mélisende, reine de Jérusalem', *Retour aux sources. Texte, études et documents d'histoire médiévale offerts à Michel Parisse*, Paris, 2004, pp. 449–455.

28 訳注：リチャード一世は、プランタジネット朝ヘンリ二世と妃アリエノールとの間の、成人した男子としては次男にあたる。長男ヘンリは、父王の生前に海難事故で死去した。

29 訳注：シチリア国王ともなるシャルル・ダンジューは、仏王ルイ八世妃ブランシュ・ド・カスティーユの成人した息子としては四男で末っ子。

30 訳注：マリ・ド・シャンパーニュの人物説明を参照。

31 訳注：ルイ九世とマルグリット・ド・プロヴァンスは、一二三四年に結婚し、夫婦仲が良いことで知られ、一一人もの子宝に恵まれた。

32 訳注：ロルムは、ニヴェルネ地方東北部にある町で、一二四八年当時は、その北に位置するサン・ブリスの領主だったメロ家が進出していて、ヌヴェール伯との争奪の対象となっていた。

33 訳注：一一九七年、アッコンで急死したシャンパーニュ伯兼イェルサレム国王アンリには三人の娘しかなかったため、シャンパーニュ伯位は、弟チボー三世が継いだ。チボー三世の死後には、その息子のチボー四世と母后ブランシュ・ド・ナヴァールがシャンパーニュ伯領を統治した。これに対し、聖地に残されていたアンリの三女(かつチボー四世の本いとこ)フィリッパが、一二一三／一四年にエラール・ド・ブリエンヌ(シャンパーニュ地方東部のブリエンヌ伯一族の出身で、当時、父方の本いとこであるジャン・ド・ブリエンヌがイェルサレム国王だった縁で、聖地に留まっていた)と結婚し、一二一六年にフランスに戻ると、エラール夫妻によるシャンパーニュ伯位要求が始まる。現在のフランス東部の多くの領主がエラール派とチボー四世＝ブランシュ派に分かれて争うなかで、ロレーヌ公チエボー一世はエラール陣営についたため、ブランシュ陣営の標的となり、一二一八年、ブランシュ軍がロレーヌ公領の首都ナンシーを攻撃し、焼き払うという事件に至った。一二二二年、チボー四世が成年に達した段階で、エラール夫妻の要求は放棄された。J. Schneider, 'Lorraine et Champagne au début du XIIIe siècle.

Notes sur des documents inédits', *Comptes rendus des séances de l'Académie des Inscriptions et Belles-Lettres*, 122e année, n° 1, 1978, pp. 132–142. なお、以下にある引用部の出典は、H. d'Arbois de Jubainville, *Histoire des ducs et des comtes de Champagne.*, t. 4, première partie, Paris, 1865, p. 117.

34 訳注：ジャンヌの父ボードワン（フランドル伯としてボードワン九世、エノー伯としてボードワン六世、ラテン帝国皇帝）は、一二〇五年四月、アドリアノープルの戦いでブルガリア君主《ツァール》カロヤンの軍に敗れ、捕虜となり、殺されたとも獄死したともいわれているが、その生死が確認できないまま行方不明となった。ところが、一二二五年になり、ボードワンを自称する人物が現れて、フランドルとエノーの伯位を返還するよう、ジャンヌに求めた。一時は、貴族や都市勢力の支持を受けて、ジャンヌも苦境に立たされたが、仏王ルイ八世が介入して、この人物は偽者であるということとなり、ジャンヌの手によって処刑された。

35 訳注：ヴェズレーのサント・マリ・マドレーヌ修道院は、ヌヴェール伯領の東の境に位置していた。一一五〇年以来、同修道院は世俗的権利をめぐってヴェズレーの住民と対立していた。一一五二年には、住民団はコミューンを結成し、この争いは、ローマ教皇、フランス国王、クリュニー修道院などを巻き込む一大騒動に発展した。そのなかで、歴代のヌヴェール伯はヴェズレーのコミューンを支持し、十三世紀に至るまで、一貫して修道院側と対立することとなった。一一六一年の夫ギヨーム三世の死後、二人の息子を支えたイドの好戦的な振舞いも、そのような歴史的文脈に位置づけられる。B. Beyer de Ryke, 'Sérénité et fureur à Vézelay au Moyen Âge', éd. A. Dierkens & A. Morelli, *Topographie du sacré. L'emprise religieuse sur l'espace*, Bruxelles, 2008, pp. 98–104.

36 訳注：一一七二年頃から、アニェスは、摂政としてその代理を務めていた息子バール伯アンリ一世のために、それまでに失われていたバール伯の所領や権利の回復に敢然と取りかかった。まず、バール伯が近隣司教に授封していた旧サン・ミエル修道院領をめぐって同修道院と争い、次いで一一三四年まで歴代のバール伯が保持し、その後、ヴェルダン司教座に吸収されたヴェルダン伯位を要求して、ヴェルダン司教と対立する。そののち五年間にわたり、ヴェルダン司教区の各地で略奪等の行為を繰り返した。結局、一一七七年にアンリ一世母子は要求を取り下げ、ヴェルダン司教との和解に至った。M. Grosdidier de Matons, *Le comté de Bar des origines au traité de Bruges (vers 950–1301)*, Bar-le-Duc, 1921, pp. 186–189; G. Poull, *La maison souveraine et ducale de Bar*, Nancy, 1994, pp. 122–123; Dom Calmet, *Histoire de Lorraine*, t. 6, Nancy, 1757, preuves col. 35.

37 訳注：マティルド・ド・ブラバンの人物説明を参照。

38 訳注：シャンパーニュ地方西部のルベにあったサン・ピエール修道院とは、エルムザンドの時代に新たにルクセンブルク伯の支配下に入ったマルヴィルの所領をめぐって係争があった。スタヴロ修道院は、ルクセンブルクの北に位置するフランク時代以来の有力修道院だが、エルムザンドとの紛争の内容は不明。

39 訳注：ベルトと公マチュー一世の四男ティエリーは、ベルトの兄である皇帝フリードリヒ一世の支持も得て、一一七四年、メッス司教に選出されたが、教皇アレクサンドル三世の反対を受け、叙任式を挙げられないまま一一七九年の第三回ラテラノ公会議において解任され、八一年に没している。この間、メッス司教領の管理は放漫だったようで、ティエリーの後任司教ベルトラン（位一一七九～一二一二年）はその立て直しに努め、各地で世俗領主に奪われたり、質流れのようになっていた所領を回復していった。ここでのエピソードもその一例。Dom Calmet, *Histoire de Lorraine*, t. 2, Nancy, 1748, col. 604 ; id.,

Notice de la Lorraine, t. 1, Nancy, 1756, col. 34–35.

40 J. L. Nelson, 'Queens as Jezebels. The careers of Brunhild and Bathild in Merovingian history', ed. D. Baker, *Medieval Women*, Oxford, 1978, pp. 31–77. 訳注：イゼベルは、「列王記」などで語られている、イスラエル王アハブの妃。

41 訳注：十二世紀には、既存のベネディクト会修道院などを批判する、シトー会やプレモントレ会、カルトジオ会などの新興修道会の活動が盛んだった。

42 例えば、次の文献を参照。K. A. LoPrete, *Adela of Blois. Countess and Lord (c. 1067–1137)*, Dublin, 2007.

堀越宏一・花房秀一 訳

間を挟みながらも，マルグリットが大半の期間，フランドル伯領を統治した。

㉔マルグリット・ド・ブロワ Marguerite de Blois（1170〜1230年，ブロワ伯チボー5世娘，母はルイ7世娘アリックス。ワジィ領主ユーグ3世妃，ブルゴーニュ伯オトン1世妃，ギーズ領主ゴーチエ2世ダヴェーヌ妃）

兄ルイに続いて，その長男チボー6世が，1218年に跡継ぎを残さず亡くなったため，マルグリットがブロワ伯領の女子相続人となり，30年に亡くなるまで女性統治者としてブロワ伯領を統治した。当時，マルグリットはギーズ領主ゴーチエ2世ダヴェーヌと3度目の結婚をしていて，2人の間に生まれた娘⑲マリ・ダヴェーヌが，次のブロワ伯領の女子相続人となった。

㉕メリザンド・ド・イェルサレム Mélisende de Jérusalem（1101〜61年，イェルサレム国王ボードワン2世娘，アンジュー伯フルク5世＝イェルサレム国王フルク1世妃。系図になし）

イェルサレム国王ボードワン2世(1131年没)は男子後継者に恵まれなかったため，後継国王を探した結果，選ばれたのがアンジュー伯フルク5世だった。1129年，フルクはアンジュー伯位を長男ジョフロワ5世に譲ったうえでパレスティナに渡り，ボードワン2世の長女メリザンドと結婚(フルクにとっては再婚)し，31年にイェルサレム国王となった。

1143年11月のフルク死去時には，メリザンドとの間に生まれた長男のボードワン3世(1131〜62年)がまだ13歳だったため，メリザンドがその摂政として王国の統治を担うこととなる。しかし，ボードワン3世が成年に達したと見なされた1152年になってもメリザンドが権力譲渡を拒否したため，ボードワンは家臣の支持の下，イェルサレムのダヴィド塔に立て籠もる母を捕らえて地方に追放するに至った。しかし，同年中には両者は和解し，1161年，メリザンドは病死した。翌62年，ボードワン3世も子孫を残さず死去したため，その弟アモーリ1世(1136〜74年)がイェルサレム国王として即位した。

と，アンリが第３回十字軍に出発した1190年から，97年にアンリがアッコンで亡くなり，アンリの弟であり，マリの次男であるチボー３世に統治を譲るまでの期間である。

㉒**マリ・ド・ポンチュー** Marie de Ponthieu（1199以前～1250年，ポンチュー伯ギヨーム２世娘，母はルイ７世娘アデル。オマール伯シモン・ド・ダンマルタン妃。系図になし）

ポンチュー伯領は，フランドル伯領の南に位置する小さな伯領。マリには唯一の兄弟である兄ジャンがいたが，1214年に亡くなっていたため，21年に父ギヨーム２世が亡くなった時，同伯領の女子相続人となった。1208年，シモン・ド・ダンマルタンと結婚したが，シモンは14年のブーヴィーヌの戦いで仏王フィリップ２世と敵対して敗れ，亡命していたため，父の跡の継承は困難を極めた。マリは，フランス王権との困難な交渉を経て，1225年，いったん仏王に奪われていたポンチュー伯領の取り戻しに成功し，最終的に夫が許される31年まで同伯領を統治した。

シモンは1239年に亡くなるが，４人の娘しか残されなかったため，長女ジャンヌがマリの跡を継ぎ，さらにその後は，ジャンヌとカスティリア王フェルナンド３世との間に生まれた娘アリエノール(1254年，のちのイングランド王エドワード１世と結婚)が跡を継いだ。これもまた，典型的な女系による家門継承の事例である。

㉓**マルグリット・ド・フランドル** Marguerite de Flandre（1202～80年，ラテン帝国皇帝ボードワン＝フランドル伯ボードワン９世娘，アヴェーヌ伯ブシャール４世妃，ダンピエール伯ギヨーム２世妃）

⑩で説明したジャンヌ・ド・コンスタンティノープルの妹。1244年，姉ジャンヌが男子相続人を残さないまま亡くなったため，マルグリットとその息子たち(マルグリットは，1212年，アヴェーヌ伯ブシャール４世と，さらに23年からはダンピエール伯ギヨーム２世と結婚していて，それぞれから複数の男子を生んでいた)が，フランドル伯領の相続に関わることとなる。しかし，彼らの間で複雑な相続争いが発生したため，1278年に息子のひとりであるダンピエール家のギーがフランドル伯になるまで，中断期

しか生まれず，そのジャンヌの一人息子は夭折したため，以後，ブロワ伯位は，完全にシャティヨン家に移った。

⑳マリ・ド・シャンパーニュ Marie de Champagne（1128～90年，シャンパーニュ伯チボー2世娘，ブルゴーニュ公ウード2世妃）

チボー2世とマティルド・ド・カランティの長女であり，バール伯妃アニェスとフランス王妃アデルの姉。1145年，ブルゴーニュ公ウード2世と結婚し，1男3女をもうける。ウード2世が1162年に亡くなったのち，1148年生まれの跡継ぎユーグ3世が成長し，マリと不仲になった結果，彼女がブルゴーニュ公宮廷から追われる65年までユーグ3世の摂政を務めた。

1165年4月の公母マリ・ド・シャンパーニュのブルゴーニュ公宮廷からの追放は，同年のユーグ3世のアリックス・ド・ロレーヌ(1145年頃生まれ)との結婚と表裏一体だったらしい。このアリックスは，ベルト・ド・スアブとロレーヌ公マチュー1世の長女である。

㉑マリ・ド・フランス Marie de France（1145～98年，フランス国王ルイ7世娘，シャンパーニュ伯アンリ1世妃）

ルイ7世と王妃アリエノール・ダキテーヌの間の長女。次女アリックスはブロワ伯チボー5世妃で，㉔マルグリット・ド・ブロワの母。

1164年，シャンパーニュ伯アンリ1世妃となる。アンリ1世とブロワ伯チボー5世は兄弟なので，姉妹で同じシャンパーニュ伯家の兄弟と結婚したことになる。兄弟の妹アデル・ド・シャンパーニュは，1160年にルイ7世妃となっている。この一連の結婚の背景としては，当時のカペー朝が，プランタジネット家との対抗のため，フランス西部の最有力諸侯だったシャンパーニュ伯家と結びつく必要があったことが指摘できる。

結婚後，1179年から98年に亡くなるまでのほとんどの期間，マリは，夫と息子たちに代わってシャンパーニュ伯領を統治している。まず，1179～81年には，夫アンリ1世が聖地遠征に赴いていた。アンリが帰国直後の1181年3月に亡くなったのち，1166年生まれの跡継ぎである長男アンリ2世が成人年齢に達する87年まで

⑱マティルド・ド・ポルテュガル Mathilde de Portugal（1157〜1218年，ポルトガル国王アルフォンソ１世娘，フランドル伯フィリップ・ダルザス妃，ブルゴーニュ公ウード３世妃）

父はポルトガル王国初代国王アルフォンソ１世，祖父のエンリケはブルゴーニュ公であるユーグ１世とウード１世の弟。1183年，フランドル伯フィリップ・ダルザスと結婚するが，子供が生まれないまま夫はマティルドにフランドル伯領を託して，1190年，第３回十字軍に参加し，翌年アッコンで病死した。

その後，フランドル伯位はフィリップ・ダルザスの妹マルグリットが継承していく。マルグリットはエノー伯ボードワン５世と結婚し，ボードワンは，フランドル伯としてはボードワン８世となった。そして，その長男がラテン帝国皇帝ボードワン＝フランドル伯ボードワン９世，すなわち本文中に登場するジャンヌとマルグリットの父である。

マティルド自身は，1193年にブルゴーニュ公ウード３世と再婚したが，95年に近親婚を理由として婚姻を解消した。その後もフランス国王フィリップ２世の宮廷で影響力を持ち続けたようで，1212年には，実家の兄サンシュ１世の息子であるフェラン・ド・ポルテュガルと義理の甥の娘であるジャンヌ・ド・コンスタンティノープルの縁組を取りもっている。

⑲マリ・ダヴェーヌ Marie d’Avesnes（1200頃〜41年，ギーズ領主兼ブロワ伯ゴーチエ２世ダヴェーヌ娘，サン・ポル伯ユーグ５世・ド・シャティヨン妃）

ゴーチエ２世ダヴェーヌの娘というよりも，その妃マルグリット・ド・ブロワの３番目の結婚で生まれた長女であることが，その後を決定づけた。1230年の母の死後，41年に自身が亡くなるまでの間，ブロワ伯領を実質的に支配した。母マルグリットの２番目の，ブルゴーニュ伯オトン１世との結婚で生まれた２人の娘ジャンヌとベアトリスもまた，ブルゴーニュ伯領（現在のフランシュ・コンテ地方）を継いでいく女子相続人である。

マリ・ダヴェーヌは，1226年頃，サン・ポル伯ユーグ５世・ド・シャティヨンと結婚するが，その息子ジャンには娘ジャンヌ

ュ」ということになる。ブーローニュ伯領は英仏海峡に面し，その交通を押さえることができるという立地条件ゆえに重要な諸侯領であり，マティルドの時代には父親の出身家門であるフランドル伯家と密接な関係にあった。

マティルドは，すでに1173年に亡くなっていた父マチューの兄であるフランドル伯フィリップ・ダルザスの意向によって，1179年に低地地方の有力家門であるブラバン方伯家(公家昇格は1183年)のアンリ１世と結婚した。当時の通例に従って，1197〜98年に，夫アンリが十字軍遠征に参加している間の領地の統治を担ったが，その短い期間に，マティルデは２つの重大な政治的案件を処理している。

第１に，ブラバン公領の東のリエージュ司教との対立であり，特に1081年以来，リエージュ司教がその司教区内に課してきた「神の平和」(世俗貴族の戦闘や暴力行使の制限を目指す，教会主導の戦闘停止運動)に徹底的に反対し，これをブラバン公領から排除しようとした。1197年には，この対立がリエージュ司教による聖務停止令公布にまで至っている。その際マティルドは，捕らえたひとりの司祭を馬の尾につないで，長時間引きずり回すという蛮行さえ命じている。

第２に，当時のドイツ王国＝神聖ローマ帝国において，シュタウフェン家のフィリップ・フォン・シュワーベンとヴェルフェン家のオットーが王位を争うなかで，マティルデは後者を支持し，さらには，1198年７月12日のオットー(４世)の国王戴冠の前日に，オットーと娘マリ(当時，７歳)の婚約を取り決めたのである。

これらの決定には，当時不在だった夫アンリの意向は無関係だったようだ。マティルドの評伝論文を著したJ・L・キュペによれば，これらの事例は，諸侯家門の女性たちが，夫と同じような政治的判断力を持ち，行動することが可能だったことを物語っているとされる。また，結婚と異なり，世俗的性格が色濃く，結婚に至らないことも計算内だった婚約という契約を，当時の王侯貴族が政治的に利用していたことも指摘されている。実際，オットーは，1212年，宿敵フィリップ・フォン・シュワーベンの娘ベアトリスと結婚し，彼女が結婚後１カ月で亡くなったのち，14年に結局マリ・ド・ブラバンと結婚しているのである。

こうしてマオは，エルヴェと最初の結婚をするものの，エルヴェは1222年に死去し，26年にマオがフォレ伯ギーグ4世と再婚するまでの間，マオがヌヴェール伯領を統治した。その後，1241年にギーグ4世が亡くなったのに加えて，マオは，相続が予定されていた2人の子供(ギヨームとアニェス2世。後者は，1223年，サン・ポル伯ギイ2世・ド・シャティヨンと結婚し，25年没)にも，2人の孫(ゴーシェ・ド・シャティヨンとヨランド・ド・シャティヨン)にも次々と先立たれてしまう。この1241年から57年に自身が亡くなるまでの期間にも，マオ1世が断続的にヌヴェール伯領の統治に関わっていたと思われる。

その後には，ヨランド・ド・シャティヨンの娘であり，マオ1世の曾孫にあたるマオ2世が，またも女子相続人として同伯領を継承していくこととなった。さらにその後もヌヴェール伯領は，マオ2世とブルゴーニュ公ユーグ4世の長男ウード(父公に先立ち，1266年病没)の間に生まれたヨランド・ド・ブルゴーニュが継承する。こうして，ヌヴェール伯領は，ほぼ1世紀の間，女系を中心に相続されていくこととなった。

なお，マオという女性名は，フランス語ではマティルドとも表記される。

⑯マティルド・ド・カランティ Mathilde de Carinthie（1106／08～1160／61年，ケルンテン大公エンゲルベルト2世娘，シャンパーニュ伯チボー2世妃）

ヌヴェール伯ギヨーム3世妃イド・ド・カランティの姉。1123年，シャンパーニュ伯チボー2世と結婚し，11人余の子供を産んだ。本文中には，そのなかの幾人もが登場しているが，全容についてはシャンパーニュ伯家の系図(146～147頁)を参照。

⑰マティルド・ド・ブーローニュ(マティルド・ド・ブラバン)
Mathilde de Boulogne, de Brabant（1170～1210年，ブーローニュ伯マチュー・ダルザス娘，ブラバン公アンリ1世妃）

本文中では「マティルド・ド・ブラバン」となっているが，これは，夫であるブラバン公アンリ1世に由来する呼称。出身生家の家門名を取る通例に従うと，「マティルド・ド・ブーローニ

ー1世と結婚して4男3女をもうけ，76年に夫と死別。皇帝フリードリヒ1世の妹であったこともあり，夫の死後も息子たちの統治に関与したが，ベルトの場合，息子たちの未成年や十字軍参加による摂政就任という局面はなかった。

夫の死後，ベルトはすでに成年に達していた2人の息子のうち，長男シモン2世(1140年頃生まれ)を疎んじ，次男フェリー・ド・ビッチ(1143年頃生まれ)を次のロレーヌ公にしようと画策する。その試みは失敗に終わるのだが，フェリーが兄に反発して，3年間に及ぶ相続紛争が引き起こされた。最終的に1179年のリブモン和約により，シモンは公位を保持するものの，兄弟間でロレーヌ公領を南のフランス語圏と北のドイツ語圏で分割して統治することとなった。事態がそのまま推移すれば，ロレーヌ公領が二分されるところだったが，その後，3度に及ぶシモン2世の結婚にもかかわらず子供は生まれず，1205年にシモンは弟フェリーの同名の息子を後継者に指名して修道院に入り，07年初めに死去した。この間，弟のフェリーはフェリー1世としてロレーヌ公を称するものの，1206年に亡くなる。こうして兄弟間の30年に及んだ対立は終息し，その後は，フェリー1世の子フェリー2世が南北に分断されかかったロレーヌ公領を再び統一して支配することとなった。

⑮マオ(1世)・ド・ヌヴェール Mahaut de Nevers (1187以前〜1257年，ヌヴェール伯ピエール2世娘，ドンジィ領主エルヴェ妃，フォレ伯ギーグ4世妃)

⑥のイド・ド・カランティの項で説明したように，マオの母アニェス1世はヌヴェール伯領の女子相続人だった。1184年，アニェスは，仏王ルイ6世の孫で，この当時の仏王フィリップ2世のいとこにあたるピエール2世・ド・クールトネィと結婚し，マオの父でもあるピエール2世がヌヴェール伯となる。しかし，1193年頃のアニェスの死去後，ピエール2世は地域貴族たちの信望を維持できず，1199年には，その代表だった家臣エルヴェ・ド・ドンジィと争って敗れ，捕らえられてしまう。この結果，ピエール2世は自分の身柄解放のために，娘であるマオとヌヴェール伯領をエルヴェに譲り渡すことを強いられた。

⑪ドゥニーズ・ド・デオル Denise de Déols（1173～1206／07年，デオルとシャトールーの領主ラウル6世娘，ショーヴィニィ領主アンドレ1世妃。系図になし）

ベリー地方の有力領主だったドゥニーズの父ラウル6世が，1176年に亡くなった後，その跡は一人娘だった3歳のドゥニーズに託された。その後の経過は，本文中で詳述されるとおり。

⑫ブランシュ・ド・カスティーユ Blanche de Castille（1188～1252年，カスティリア国王アルフォンソ8世娘，フランス国王ルイ8世妃）

カスティリア王の娘であると同時に，イングランド王ヘンリ2世とアリエノール・ダキテーヌの孫でもあった。1200年に取り結ばれた王太子ルイとの結婚は，カペー家とプランタジネット家との間で繰り返された政略結婚のひとつである。

1226年，夫であるルイ8世が39歳で亡くなったため，息子ルイ9世が12歳で即位。ブランシュは息子が成人する1235年まで，フランス王国の統治を担った。また，ルイ9世が第7回十字軍（1248～54年）に遠征中もフランス王国の統治を担ったが，1252年，息子ルイ9世の帰国を見ることなく死去した。

⑬ブランシュ・ド・ナヴァール Blanche de Navarre（1177～1229年，ナバラ〈フランス語でナヴァール〉王サンチョ6世娘，シャンパーニュ伯チボー3世妃）

1199年，ブランシュはシャンパーニュ伯チボー3世と結婚するものの，夫チボーは1201年3月24日に急死。その同じ3月の30日にブランシュは男子チボーを出産し，このチボー4世が成人に達する1222年まで統治を担った。また1234年には，ブランシュの兄であったナバラ王サンチョ7世が継子を残さず亡くなったため，チボー4世はナバラ王位も継承することとなった。

⑭ベルト・ド・スアブ Berthe de Souabe（1123～95年，ホーエンシュタウフェン家シュワーベン〈フランス語でスアブ〉大公フリードリヒ2世娘，ロレーヌ公マチュー1世妃）

1138年頃，神聖ローマ帝国の有力諸侯だったロレーヌ公マチュ王として聖地に渡る以前，アンジュー伯領の北隣のメーヌ伯領の女子相続人だったエランブール(1126年没)との最初の結婚で生まれた娘(㉕メリザンド・ド・イェルサレムの項を参照)。

ウィリアム征服王の孫にあたるギヨーム・クリトンとの最初の結婚が，近親婚を理由として破棄された(1124年)のち，シビーユは父に従って聖地に渡り，聖地滞在中の1139年にフランドル伯ティエリー・ダルザスと結ばれた。その後，フランドルに戻り，夫の第2回十字軍参加中(1147〜50年)には，フランドル伯領を統治している。

シビーユとティエリー・ダルザスとの間に生まれた長男が，1168年に父伯の跡を継ぐフィリップ・ダルザスであり，その妃が⑱マティルド・ド・ポルテュガルである。シビーユは，この本文でたびたび登場するジャンヌとマルグリット・ド・フランドルの曾祖母にあたる。

⑩ジャンヌ・ド・コンスタンティノープル(ジャンヌ・ド・フランドル) Jeanne de Constantinople, de Flandre（1200頃〜44年，ラテン帝国皇帝ボードワン＝フランドル伯ボードワン9世娘，フランドル伯フェラン・ド・ポルテュガル妃）

ジャンヌの父ボードワンはもともとフランドル伯ボードワン9世であり，さらに第4回十字軍の結果として，コンスタンティノープルを首都として誕生したラテン帝国の皇帝ボードワンとなった人物。これが「ド・フランドル」と「ド・コンスタンティノープル」という，ジャンヌの2つの名称の所以である。母は，シャンパーニュ伯アンリ1世の娘であるマリ・ド・シャンパーニュであるが，ブルゴーニュ公ウード2世妃となった同名の叔母との混同に注意。

1205年ないし06年に父ボードワンが亡くなった後には，ジャンヌがフランドル伯領を相続し，12年にはポルトガル国王サンシュ1世の息子フェランと結婚し，フェランがフランドル伯となった。しかし，彼は，1214年のブーヴィーヌの戦いでフランス王フィリップ2世に敗れ，27年1月に解放されるまで虜囚生活を余儀なくされたため，この間，ジャンヌがフランドル伯領を統治した。

⑦エリザベト・ド・サン・ポル Élisabeth de Saint-Pol（？～1240年代，サン・ポル伯ユーグ4世娘，シャティヨン領主ゴーシェ 3世妃）

サン・ポル伯領は，ポンチュー伯領に北接する小さな伯領。1205年，サン・ポル伯ユーグ4世が第4回十字軍に参加中に病没した後，残された2人の娘のうち，長女のエリザベトが父伯の跡を継いだ。彼女は，1179年の両親の結婚後まもなく誕生したようなので，相続時には20歳代ということになる。エリザベトは1196年にフィリップ2世近臣のゴーシェ 3世・ド・シャティヨンと結婚していて，1219年に夫が没したのち，1240年代にエリザベト自身が亡くなるまで，夫の跡を継いだ2人の息子を支えて，サン・ポル伯領の統治に関与し続けた。このうち長男であるギイ2世の妻は，ヌヴェール伯家のアニェス2世・ド・ドンジィ。また，次男ユーグ5世の2番目の妻はブロワ女伯マリ・ダヴェーヌである。

⑧エルムザンド・ド・リュクサンブール Ermesinde de Luxembourg（1186～1247年，ルクセンブルク伯ハインリヒ4世娘，バール伯チエボー1世妃，リンブルフ公ヴァルラム3世妃）

ルクセンブルク伯ハインリヒ4世（1196年没）の一人娘だったエルムザンドは，父の死後，皇帝ハインリヒ6世によって，いったんハインリヒ6世の弟オットー（＝ブルゴーニュ伯オトン1世，⑲マリ・ダヴェーヌを参照）に与えられたルクセンブルク伯領を，1197年までに交渉によって取り戻し，1番目，2番目の夫とともに統治した。1226年に2番目の夫に先立たれたのち，彼女は，自身が亡くなる47年まで21年間にわたって一人息子のハインリヒ5世（1216年生まれ）を支え続けることになる。

なおエルムザンドの最初の夫は，バール伯ルノー2世と妃アニェス・ド・シャンパーニュの長男アンリ1世が1190年に亡くなった後，バール伯位を継いだ次男チエボー1世。

⑨シビーユ・ダンジュー Sybille d’Anjou（1112頃～65年，アンジュー伯フルク5世＝イェルサレム国王フルク1世娘，フランドル伯ティエリー・ダルザス妃）

シビーユは，アンジュー伯フルク5世が，次期イェルサレム国ルゴーニュ公領の統治に関与していた。

⑤アリックス・ド・ドリュー Alix de Dreux（1156頃～1217年以後，ドリュー伯ロベール１世娘，クーシー領主ラウル１世妃。系図になし）

アリックスの父であるドリュー伯ロベール１世は，フランス王ルイ６世の５男。1174年，北フランス・ピカルディー地方の有力諸侯だったクーシー領主ラウル１世の２番目の妃となった。アリックスは，1190年にラウルが第３回十字軍に参加したのち，クーシー領主領の摂政となる。ラウルが1191年にアッコンで戦没すると，後継者である長男アンゲラン３世（1182年生まれ）の幼年期が終わるまで摂政位にあった。

⑥イド・ド・カランティ Ide de Carinthie（1120頃～78年，ケルンテン〈フランス語でカランティ〉大公エンゲルベルト２世娘，ヌヴェール伯ギヨーム３世妃）

イド・ド・カランティは，シャンパーニュ伯チボー２世妃マティルド・ド・カランティの妹にあたる。夫となるギヨーム３世とは，遅くとも1145年までに結婚している。ギヨーム３世は，1147年にグランド・シャルトリューズ修道院に入った父伯ギヨーム２世の跡を継ぎヌヴェール伯となる。これと前後して，仏王ルイ７世に従って，1147年から第２回十字軍に参加したため，遠征中のヌヴェール伯領の統治はイドに委ねられた。さらに，夫ギヨーム３世が1161年に死去した後，未成年だった２人の息子であるギヨーム４世（1145年生まれ）とギイ（1149年頃生まれ）を摂政として支え，ヌヴェール伯領を統治した。さらに，次男ギイの死後，その跡を継いだ息子ギヨーム５世（1168年生まれ）の統治期間にもイドは関わっていた。

その後，ヌヴェール伯位は，ギヨーム５世の妹アニェス１世が継承していくこととなる。これに関しては，アニェスの娘である⑮マオ（１世）・ド・ヌヴェールの項を参照のこと。

であり後継者だったアンリ1世(1158頃～90年)の摂政を務めた。アンリの死後は，次男チエボー1世(1214年没)がバール伯位を継承した。⑧のエルムザンド・ド・リュクサンブールの項も参照。

③**アリエノール・ダキテーヌ** Aliénor d'Aquitaine（1122頃～1204年，アキテーヌ公ギヨーム9世娘，フランス国王ルイ7世妃，イングランド国王ヘンリ2世妃）

アキテーヌ公領を中心とするフランス西南部の一大諸侯領群の女子相続人だったアリエノール・ダキテーヌについては，フランスとイングランド両方の王妃となったこともあり，すでによく知られている。日本語で読める伝記として，レジーヌ・ペルヌー『王妃アリエノール・ダキテーヌ』(福本秀子訳，パピルス，1996年)などがある。

プランタジネット家のヘンリ2世との結婚(1152年)後には，同家は，当時のフランス王国の西半分を含み，英仏海峡の両岸に広がる「アンジュー国家」を領有したが，そのフランス王国における所領問題は，15世紀半ばの百年戦争の終結に至るまで英仏間の国際問題となり続けた。

ヘンリ2世との間には，成人した子供としては4男3女がある。そのうち長男ヘンリは，父王の生前に海難事故で死去したため，ヘンリ2世の跡は次男リチャード1世が継承した。

④**アリックス・ド・ヴェルジィ** Alix de Vergy（1179～1251年，ヴェルジィ領主ユーグ娘，ブルゴーニュ公ウード3世妃）

父であるヴェルジィ領主ユーグは，ブルゴーニュ地方の有力領主であり，1190年代にブルゴーニュ公ウード3世と対立を繰り返していた。その和解のための政略結婚として，1199年，前年に先夫に先立たれていたアリックスとブルゴーニュ公との婚姻が取り結ばれた。

アリックスは，夫が1218年に亡くなったのち，5歳でブルゴーニュ公位を継いだ息子ユーグ4世が成人となるまで同公領を統治した。ユーグ4世は，1238～41年には皇帝フリードリヒ2世と聖地に遠征しているほか，聖王ルイ9世が組織した第7回十字軍(1248～54年)に参加している。この間も，晩年のアリックスがブ

12～13世紀における女性と政治権力　人物説明

①アデル・ド・シャンパーニュ Adèle de Champagne（1140頃～1206年，シャンパーニュ伯チボー２世娘，フランス国王ルイ７世妃）

ブルゴーニュ公ウード２世妃マリ，バール伯ルノー２世妃アニェスと同じくシャンパーニュ伯チボー２世とその妃マティルド・ド・カランティの娘。1160年，すでにフランス国王だったルイ７世の３番目の王妃となる。1165年，ルイ７世にとって初めてかつ唯一の男子である，のちのフィリップ２世を出産。周囲の政治的思惑も絡み，母子関係は微妙だった。

フィリップ２世は，父王ルイ７世が病に陥ったため，1179年11月に共時国王として聖別され，翌年９月の父王の死後，単独の国王となる。ルイ７世時代から，フランス国王宮廷では王妃アデルの出身家門であるシャンパーニュ伯家の勢力が強かったのだが，フィリップはおそらくそれに反発する家臣たちの支持を受けて，1180年４月，エノー伯の娘でありフランドル伯の姪であったイザベル・ド・エノーと結婚する。このフランドル伯勢力との政略結婚にアデルは反対したが，弱冠14歳で，本来ならば母の摂政を受け入れなければならないフィリップはアデルと激しく対立し，一時的ながら宮廷から母を追放した。

しかしアデルは，フィリップ２世が第３回十字軍に参加した時期(1190～91年)などには摂政を務めるなど，王母として国政に大きな影響力を有していた。もっともこの時には，アデルのほか，彼女の兄であるランス大司教ギヨームも共同の摂政だったうえに，フィリップ２世は十字軍出発の準備として，いわゆる「1190年の遺言」を定めて，摂政に権限が集中することを避け，さまざまな国王役人たちが実務を担当するような措置を施していた。

②アニェス・ド・シャンパーニュ Agnès de Champagne（1138～1207年，シャンパーニュ伯チボー２世娘，バール伯ルノー２世妃）

ブルゴーニュ公ウード２世妃マリ，ルイ７世妃アデルと同じくシャンパーニュ伯チボー２世とその妃マティルド・ド・カランティの娘。1155年，ロレーヌ地方西部の有力諸侯だったバール伯ルノー２世妃となる。1170年に夫が亡くなったのち，74年まで長男

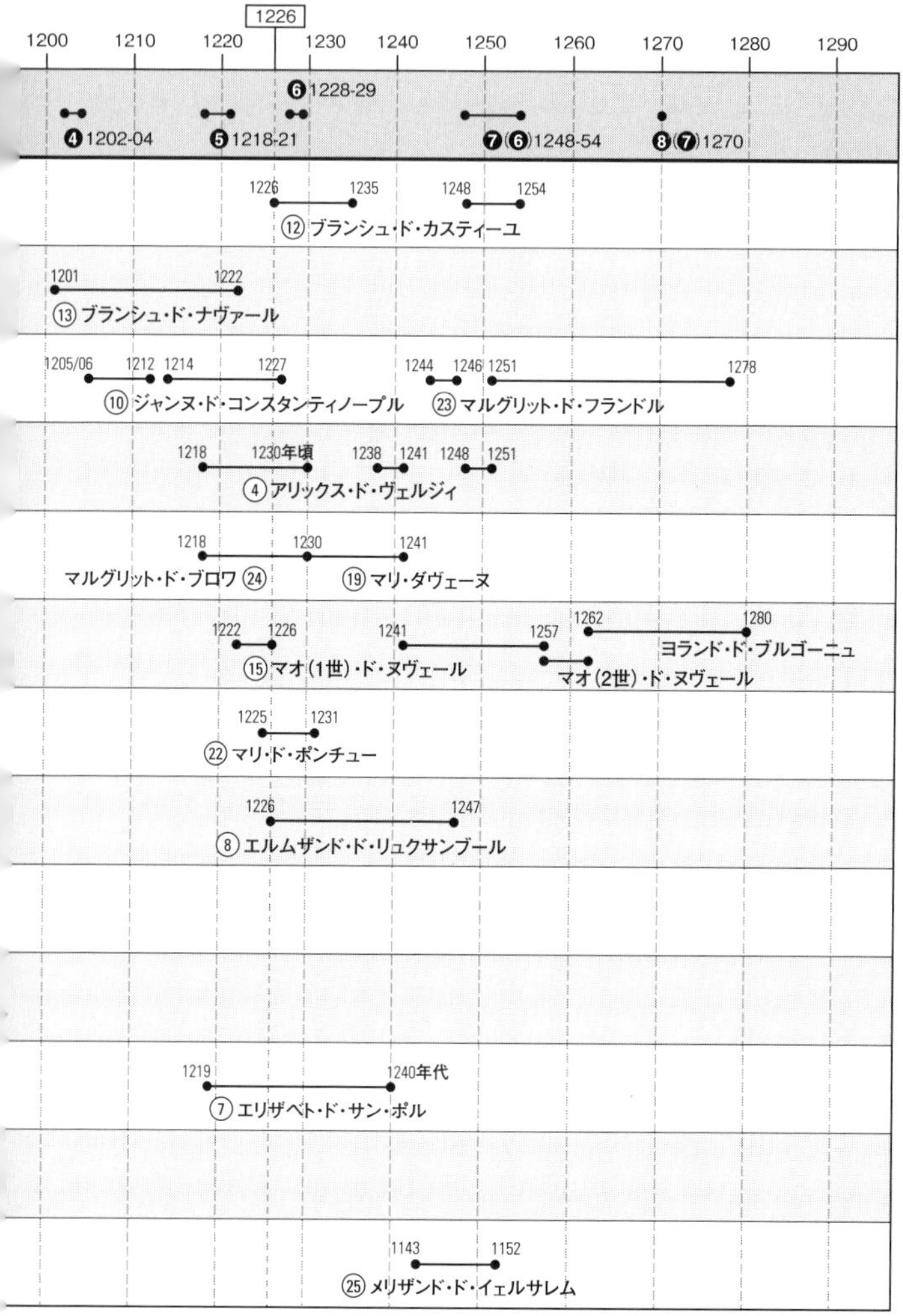
1226
1200 1210 1220 1230 1240 1250 1260 1270 1280 1290
❻1228-29
❹1202-04
❺1218-21
❼(❻)1248-54
❽(❼)1270
1226 1235 1248 1254
⑫ ブランシュ・ド・カスティーユ
1201 1222
⑬ ブランシュ・ド・ナヴァール
1205/06 1212 1214 1227
⑩ ジャンヌ・ド・コンスタンティノープル
1244 1246 1251 1278
㉓ マルグリット・ド・フランドル
1218 1230年頃 1238 1241 1248 1251
④ アリックス・ド・ヴェルジィ
1218 1230 1241
マルグリット・ド・ブロワ ㉔
⑲ マリ・ダヴェーヌ
1222 1226 1241 1257 1262 1280
ヨランド・ド・ブルゴーニュ
⑮ マオ(1世)・ド・ヌヴェール
マオ(2世)・ド・ヌヴェール
1225 1231
㉒ マリ・ド・ポンチュー
1226 1247
⑧ エルムザンド・ド・リュクサンブール
1219 1240年代
⑦ エリザベト・ド・サン・ポル
1143 1152
㉕ メリザンド・ド・イェルサレム

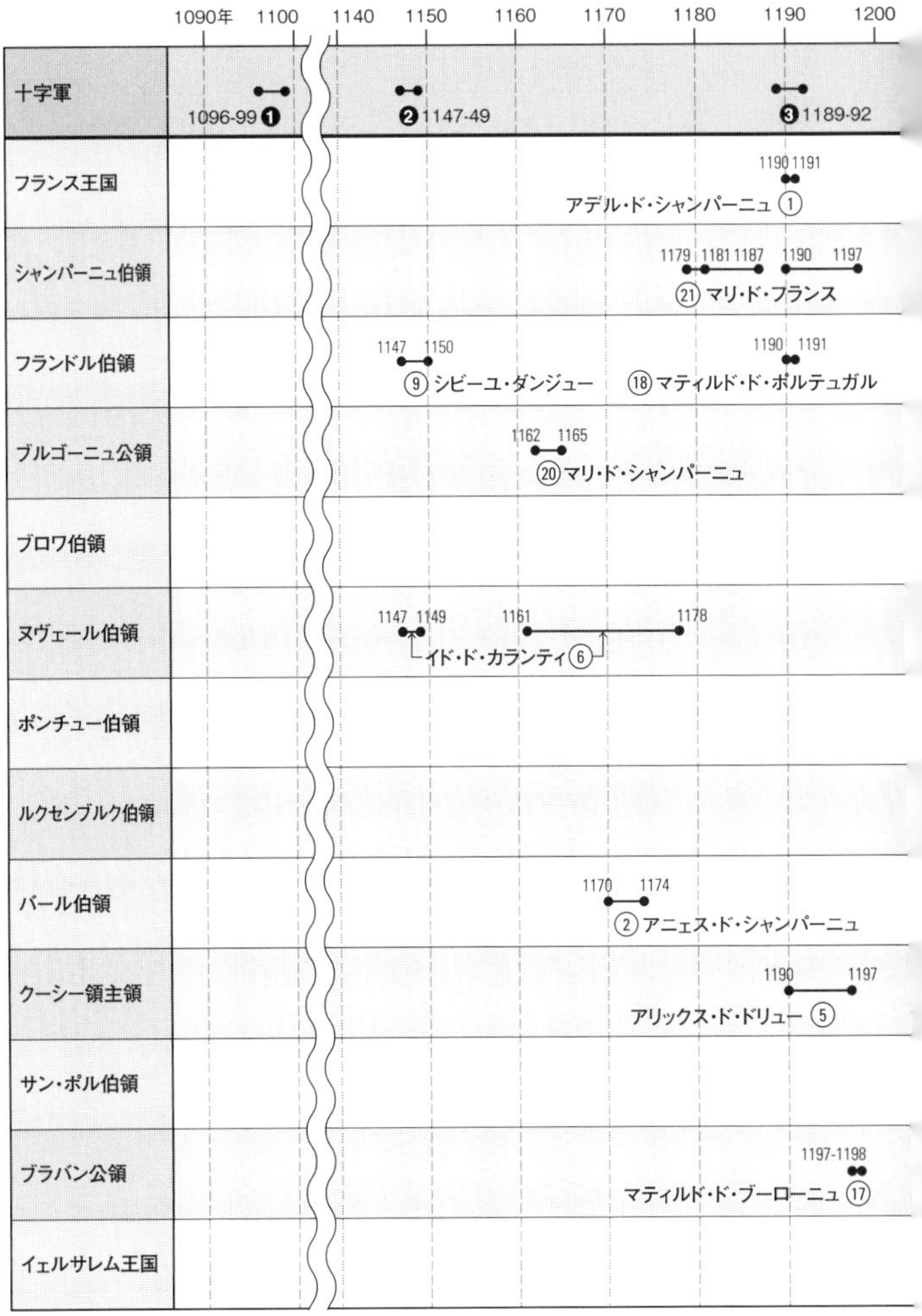
1090年
1100
1140
1150
1160
1170
1180
1190
1200
十字軍
1096-99 ❶
❷ 1147-49
❸ 1189-92
フランス王国
1190 1191
アデル・ド・シャンパーニュ ①
シャンパーニュ伯領
1179 1181 1187 1190 1197
㉑ マリ・ド・フランス
フランドル伯領
1147 1150
⑨ シビーユ・ダンジュー
1190 1191
⑱ マティルド・ド・ポルテュガル
ブルゴーニュ公領
1162 1165
⑳ マリ・ド・シャンパーニュ
ブロワ伯領
ヌヴェール伯領
1147 1149 1161 1178
イド・ド・カランティ ⑥
ポンチュー伯領
ルクセンブルク伯領
バール伯領
1170 1174
② アニェス・ド・シャンパーニュ
クーシー領主領
1190 1197
アリックス・ド・ドリュー ⑤
サン・ポル伯領
ブラバン公領
1197-1198
マティルド・ド・ブーローニュ ⑰
イェルサレム王国
年表　12～13世紀に女性が統治を担った時期一覧

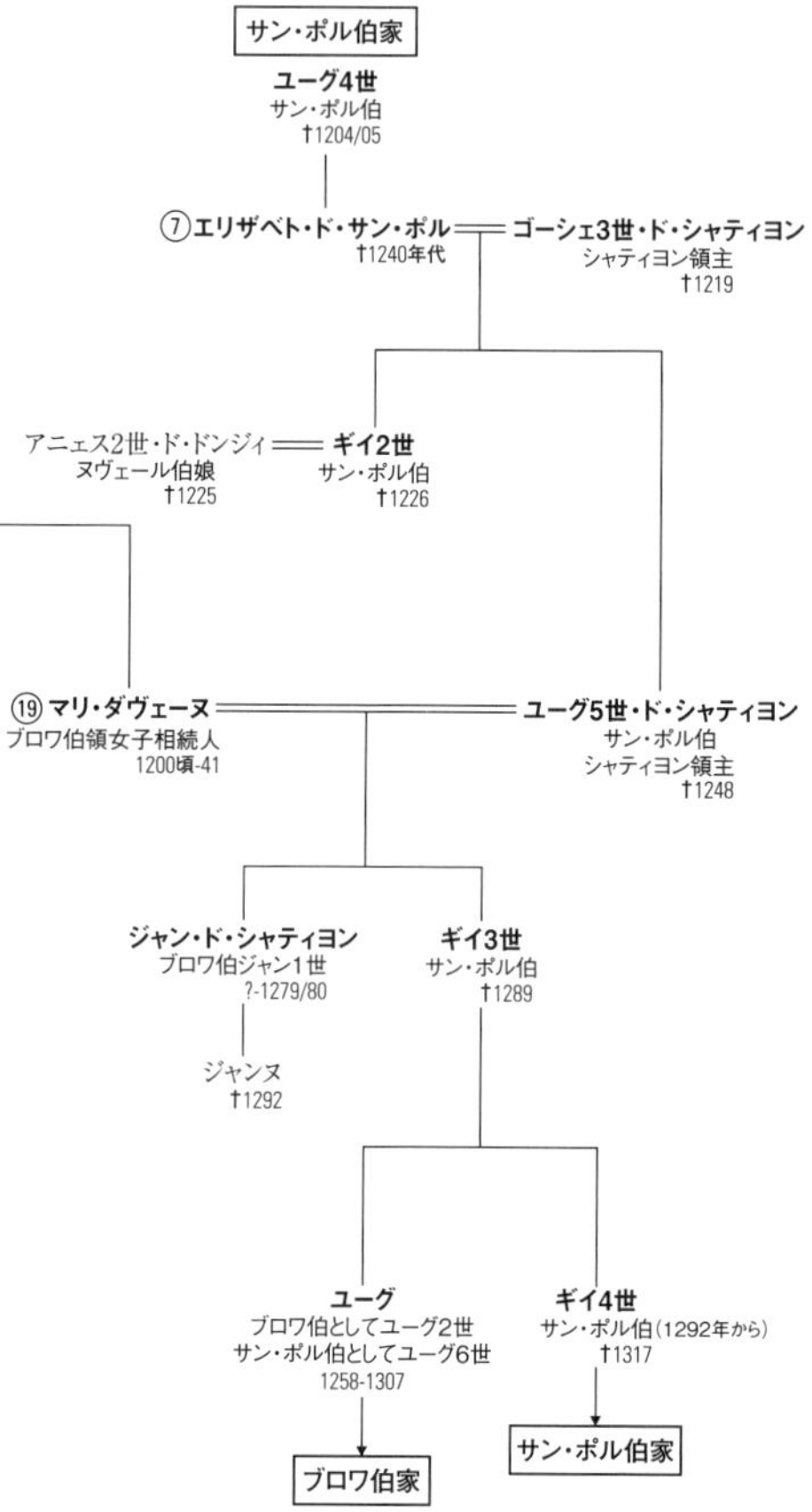
サン・ポル伯家
ユーグ4世
サン・ポル伯
†1204/05
⑦エリザベト・ド・サン・ポル
†1240年代
ゴーシェ3世・ド・シャティヨン
シャティヨン領主
†1219
アニェス2世・ド・ドンジィ
ヌヴェール伯娘
†1225
ギイ2世
サン・ポル伯
†1226
⑲マリ・ダヴェーヌ
ブロワ伯領女子相続人
1200頃-41
ユーグ5世・ド・シャティヨン
サン・ポル伯
シャティヨン領主
†1248
ジャン・ド・シャティヨン
ブロワ伯ジャン1世
?-1279/80
ジャンヌ
†1292
ギイ3世
サン・ポル伯
†1289
ユーグ
ブロワ伯としてユーグ2世
サン・ポル伯としてユーグ6世
1258-1307
ブロワ伯家
ギイ4世
サン・ポル伯(1292年から)
†1317
サン・ポル伯家

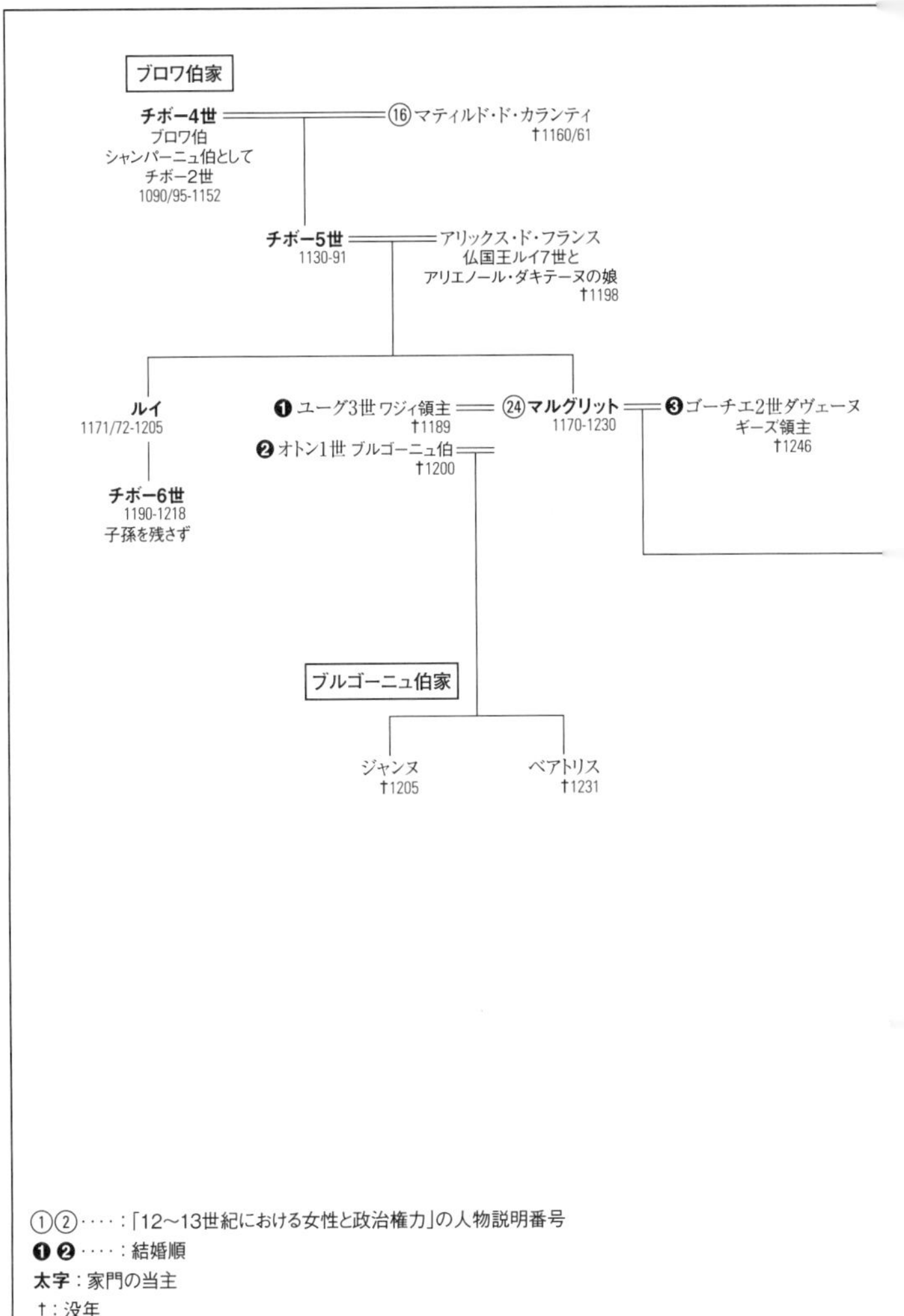
ブロワ伯家
チボー4世
ブロワ伯
シャンパーニュ伯として
チボー2世
1090/95-1152
⑯マティルド・ド・カランティ
†1160/61
チボー5世
1130-91
アリックス・ド・フランス
仏国王ルイ7世と
アリエノール・ダキテーヌの娘
†1198
ルイ
1171/72-1205
チボー6世
1190-1218
子孫を残さず
❶ユーグ3世 ワジィ領主
†1189
❷オトン1世 ブルゴーニュ伯
†1200
㉔マルグリット
1170-1230
❸ゴーチエ2世ダヴェーヌ
ギーズ領主
†1246
ブルゴーニュ伯家
ジャンヌ
†1205
ベアトリス
†1231
①②……:「12〜13世紀における女性と政治権力」の人物説明番号
❶❷……:結婚順
太字:家門の当主
†:没年

系図6　ブロワ伯とサン・ポル伯

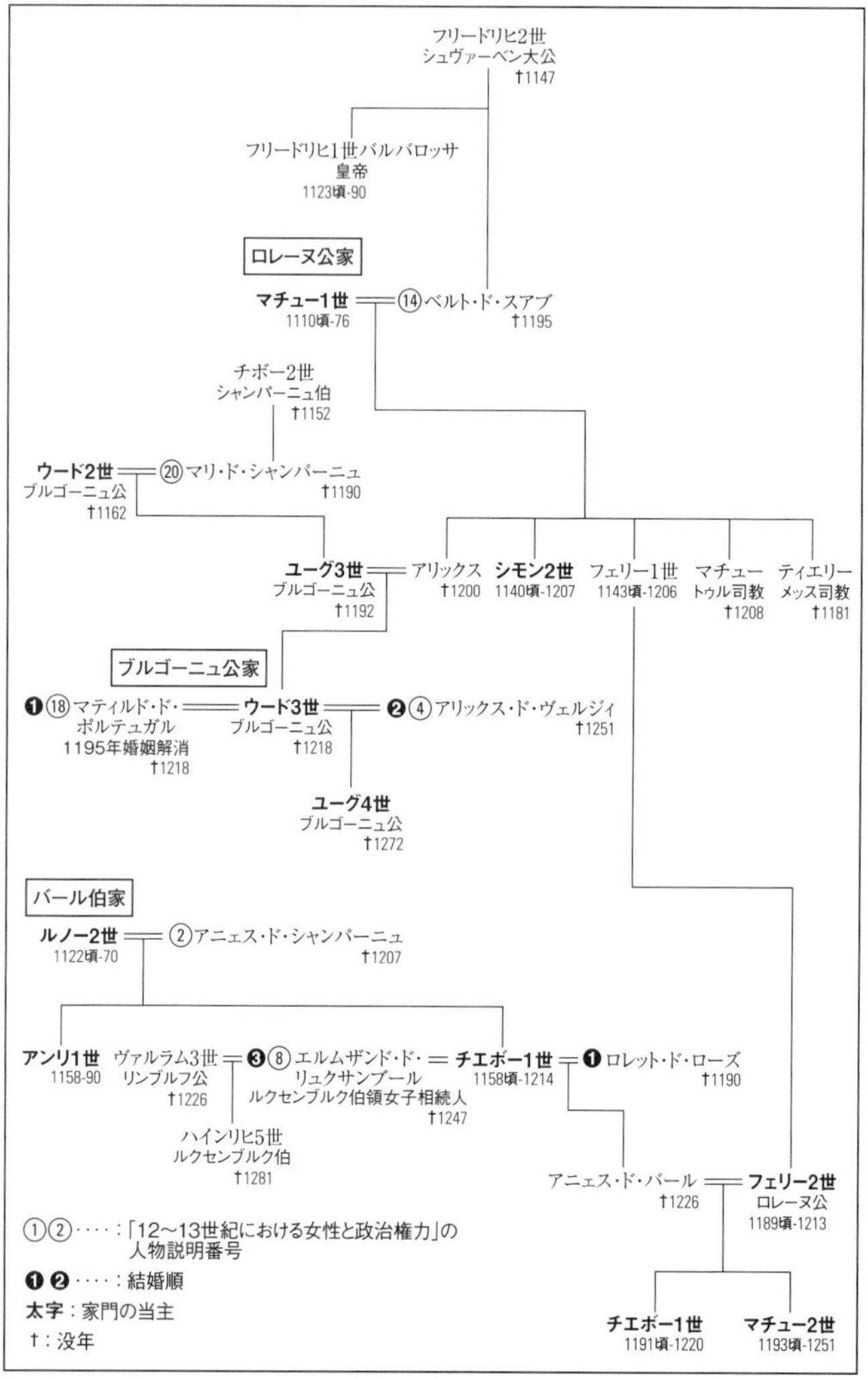

系図5　ロレーヌ公，バール伯，ブルゴーニュ公

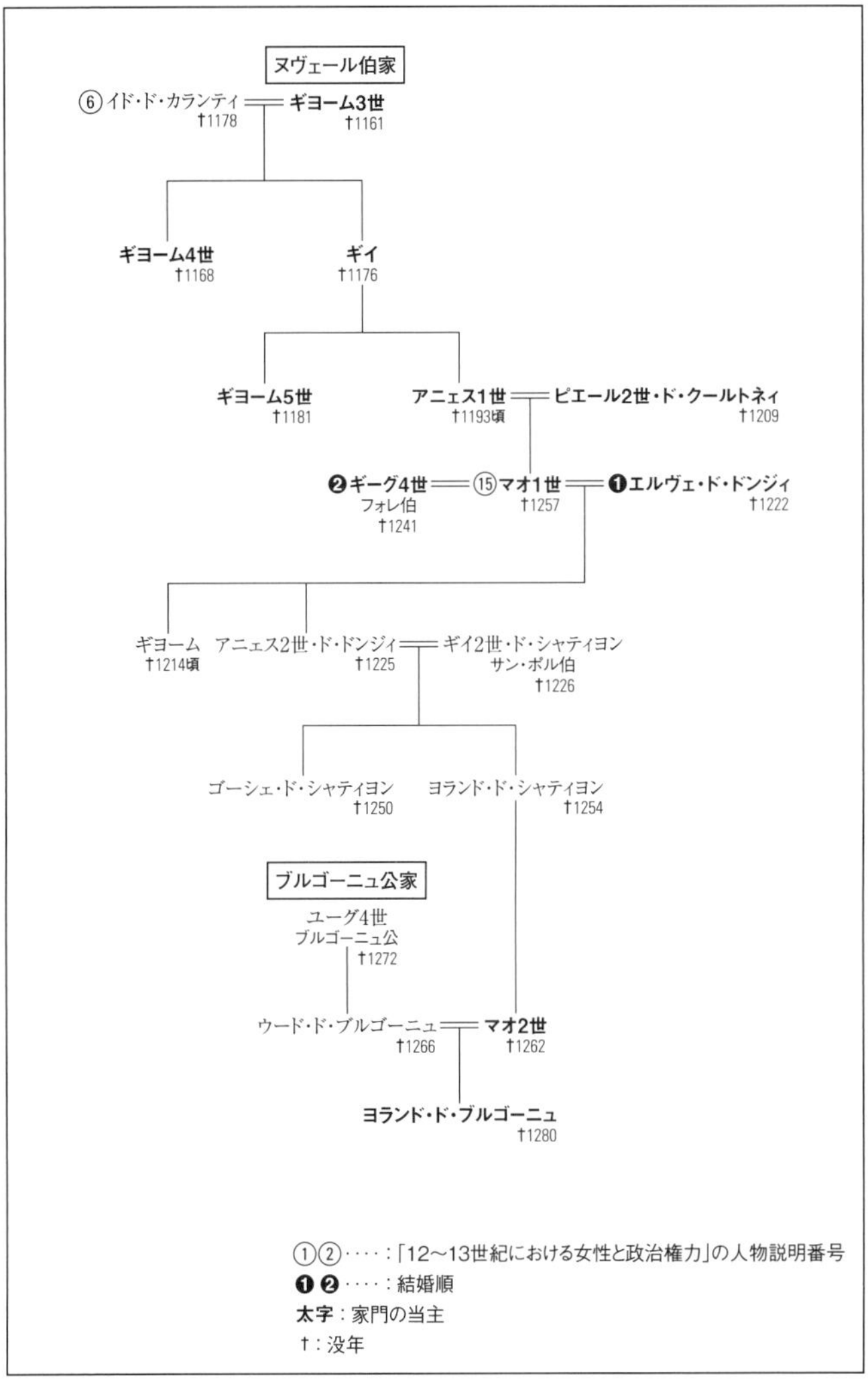
ヌヴェール伯家
⑥イド・ド・カランティ
†1178
ギヨーム3世
†1161
ギヨーム4世
†1168
ギイ
†1176
ギヨーム5世
†1181
アニェス1世
†1193頃
ピエール2世・ド・クールトネィ
†1209
❷ギーグ4世
フォレ伯
†1241
⑮マオ1世
†1257
❶エルヴェ・ド・ドンジィ
†1222
ギヨーム
†1214頃
アニェス2世・ド・ドンジィ
†1225
ギイ2世・ド・シャティヨン
サン・ポル伯
†1226
ゴーシェ・ド・シャティヨン
†1250
ヨランド・ド・シャティヨン
†1254
ブルゴーニュ公家
ユーグ4世
ブルゴーニュ公
†1272
ウード・ド・ブルゴーニュ
†1266
マオ2世
†1262
ヨランド・ド・ブルゴーニュ
†1280
①②……：「12〜13世紀における女性と政治権力」の人物説明番号
❶❷……：結婚順
太字：家門の当主
†：没年

系図4　ヌヴェール伯

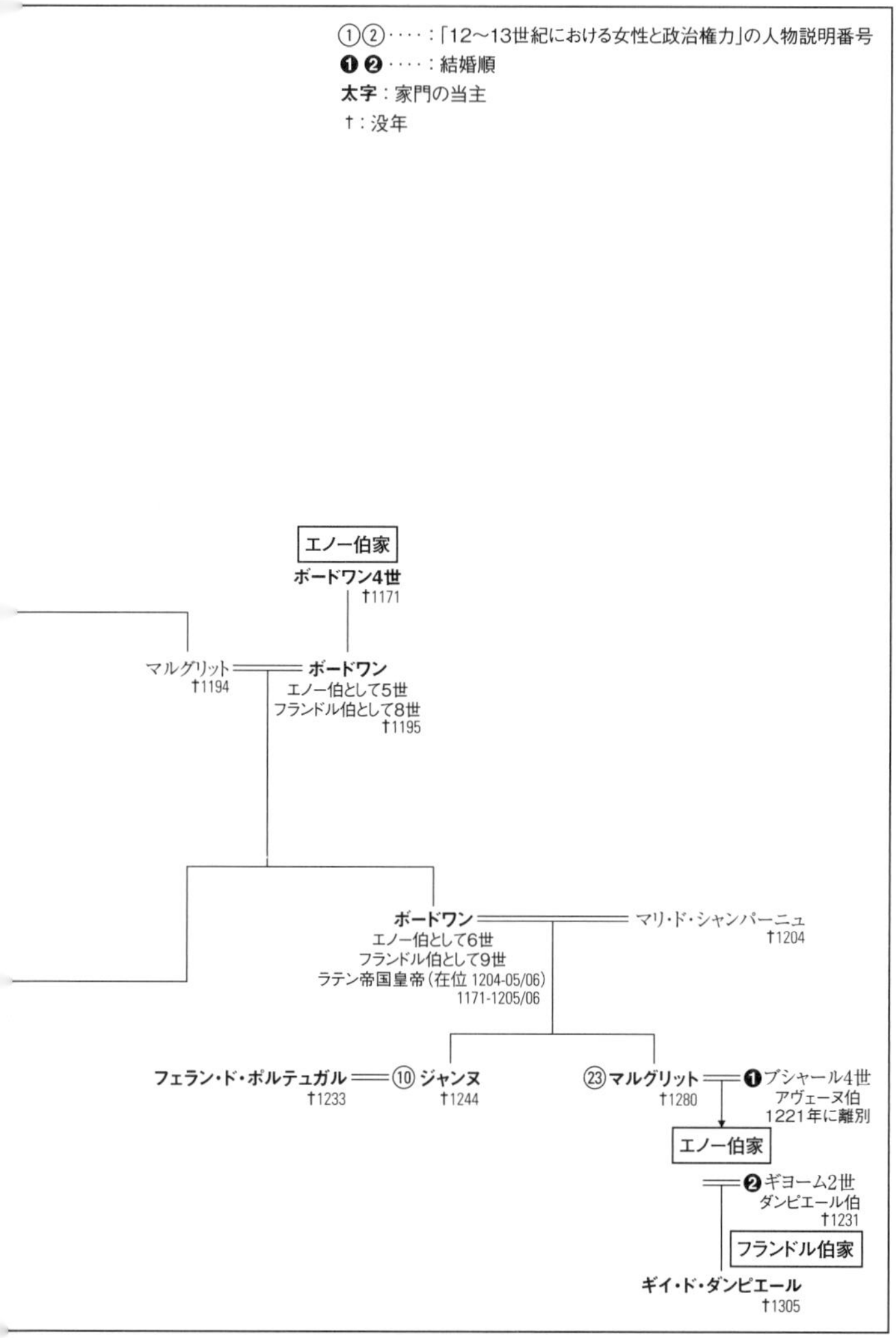
①②・・・・：「12〜13世紀における女性と政治権力」の人物説明番号
❶❷・・・・：結婚順
太字：家門の当主
†：没年
エノー伯家
ボードワン4世
†1171
マルグリット
†1194
ボードワン
エノー伯として5世
フランドル伯として8世
†1195
ボードワン
エノー伯として6世
フランドル伯として9世
ラテン帝国皇帝（在位 1204-05/06）
1171-1205/06
マリ・ド・シャンパーニュ
†1204
フェラン・ド・ポルテュガル
†1233
⑩ ジャンヌ
†1244
㉓ マルグリット
†1280
❶ブシャール4世
アヴェーヌ伯
1221年に離別
エノー伯家
❷ギヨーム2世
ダンピエール伯
†1231
フランドル伯家
ギイ・ド・ダンピエール
†1305

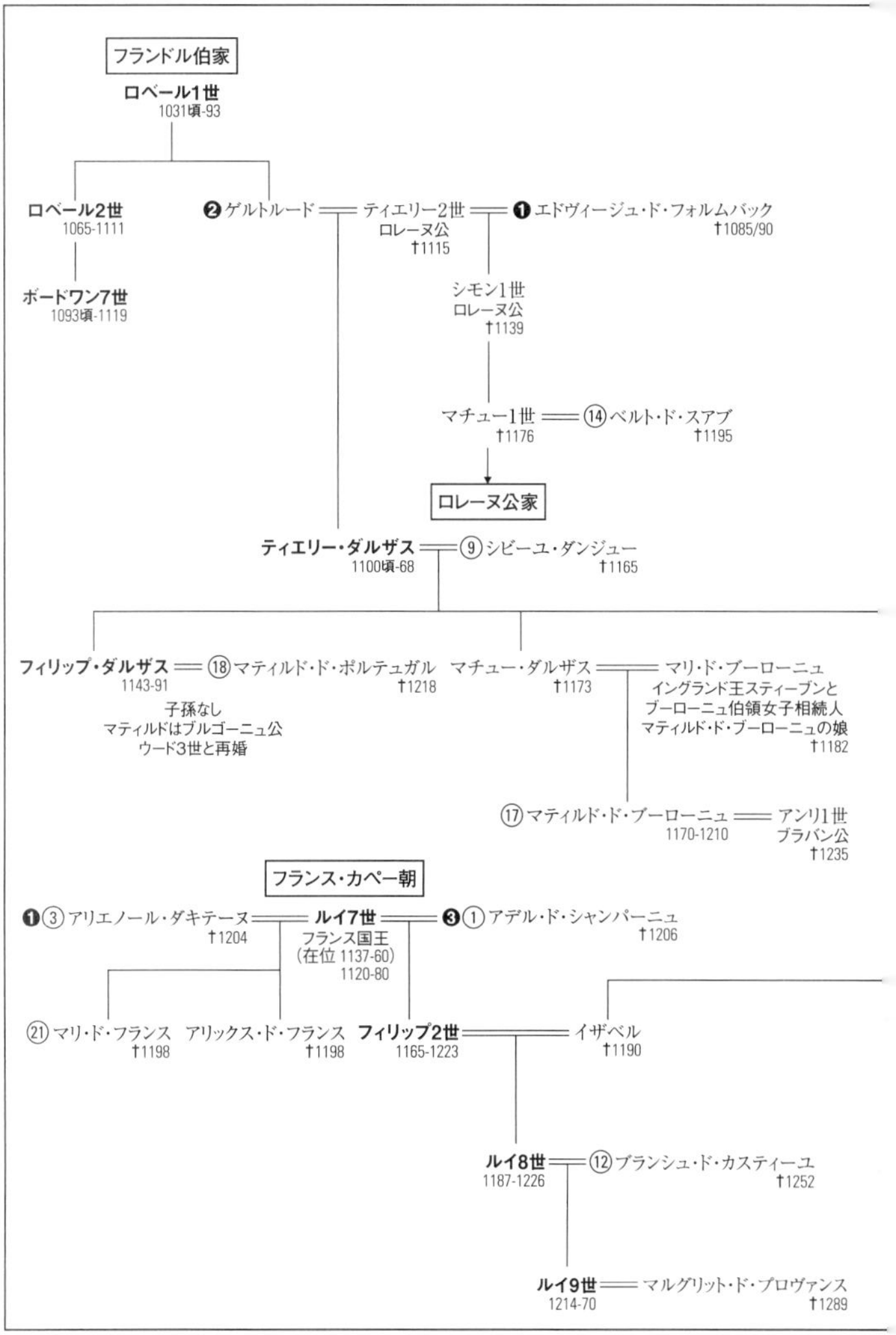

系図3　フランドル伯，エノー伯，カペー朝

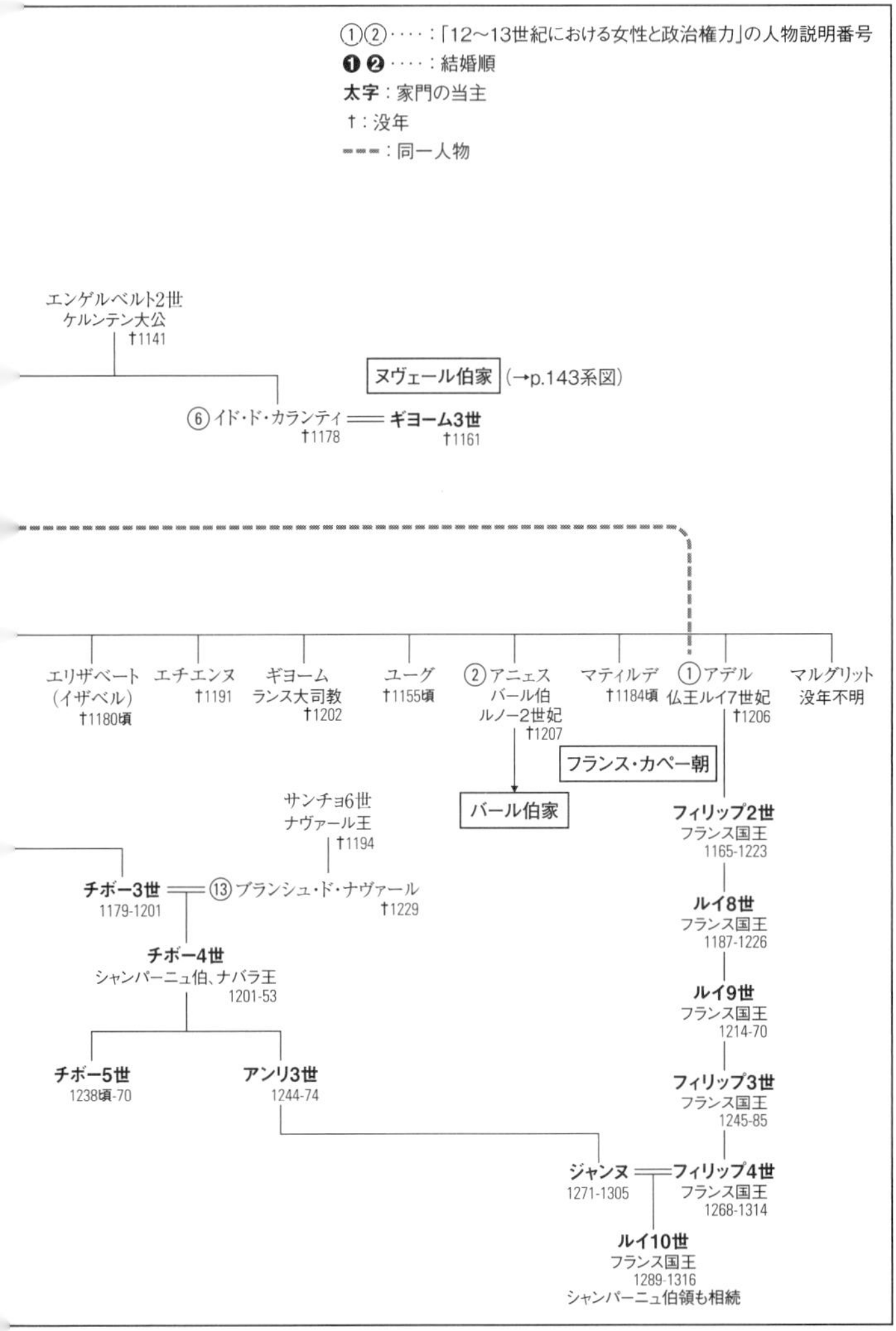
①②‥‥：「12〜13世紀における女性と政治権力」の人物説明番号
❶❷‥‥：結婚順
太字：家門の当主
†：没年
---：同一人物
エンゲルベルト2世
ケルンテン大公
†1141
ヌヴェール伯家
(→p.143系図)
⑥イド・ド・カランティ
†1178
ギヨーム3世
†1161
エリザベート
(イザベル)
†1180頃
エチエンヌ
†1191
ギヨーム
ランス大司教
†1202
ユーグ
†1155頃
②アニェス
バール伯
ルノー2世妃
†1207
マティルデ
†1184頃
①アデル
仏王ルイ7世妃
†1206
マルグリット
没年不明
フランス・カペー朝
バール伯家
サンチョ6世
ナヴァール王
†1194
チボー3世
1179-1201
⑬ブランシュ・ド・ナヴァール
†1229
チボー4世
シャンパーニュ伯、ナバラ王
1201-53
チボー5世
1238頃-70
アンリ3世
1244-74
フィリップ2世
フランス国王
1165-1223
ルイ8世
フランス国王
1187-1226
ルイ9世
フランス国王
1214-70
フィリップ3世
フランス国王
1245-85
ジャンヌ
1271-1305
フィリップ4世
フランス国王
1268-1314
ルイ10世
フランス国王
1289-1316
シャンパーニュ伯領も相続

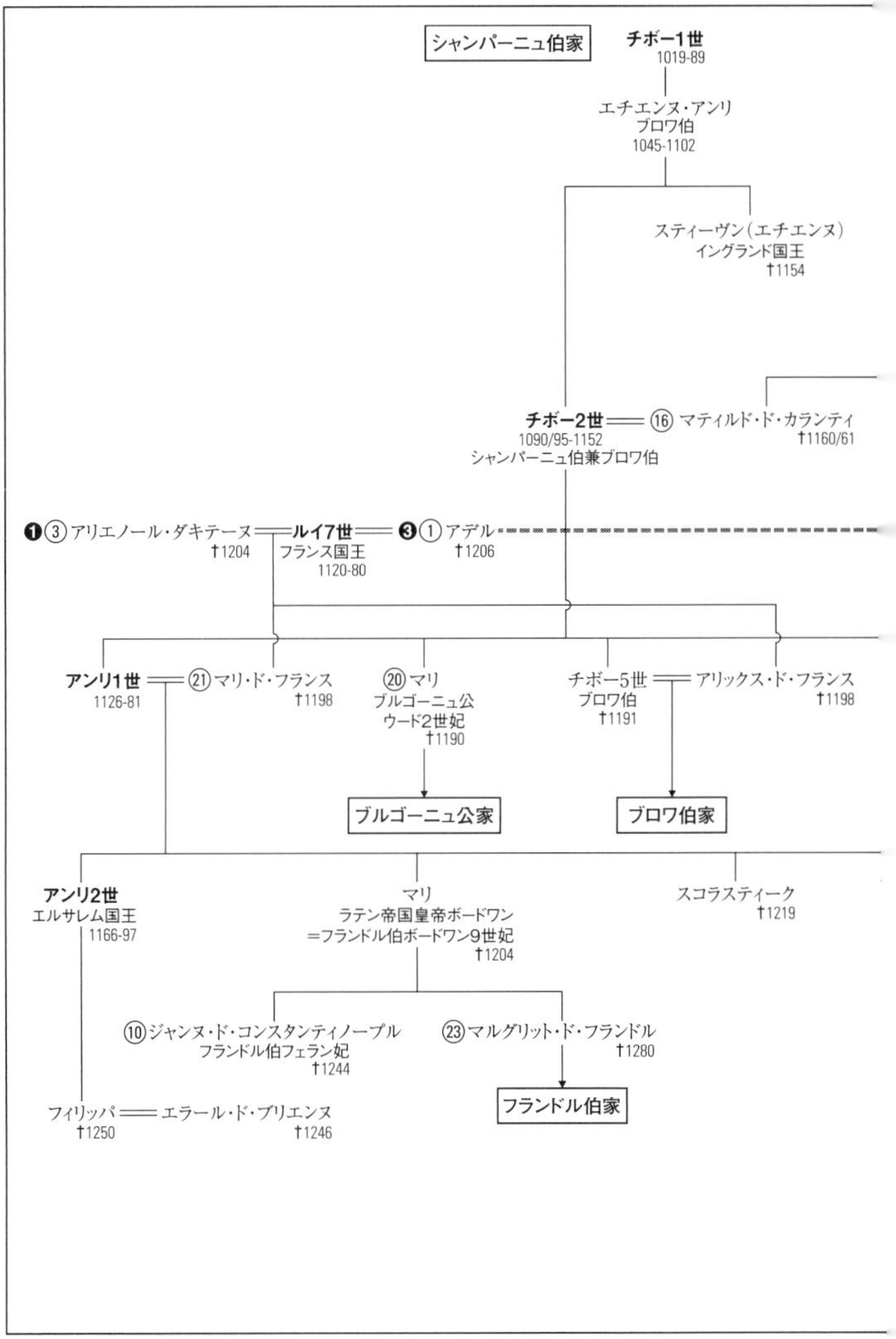

系図2　シャンパーニュ伯とカペー朝

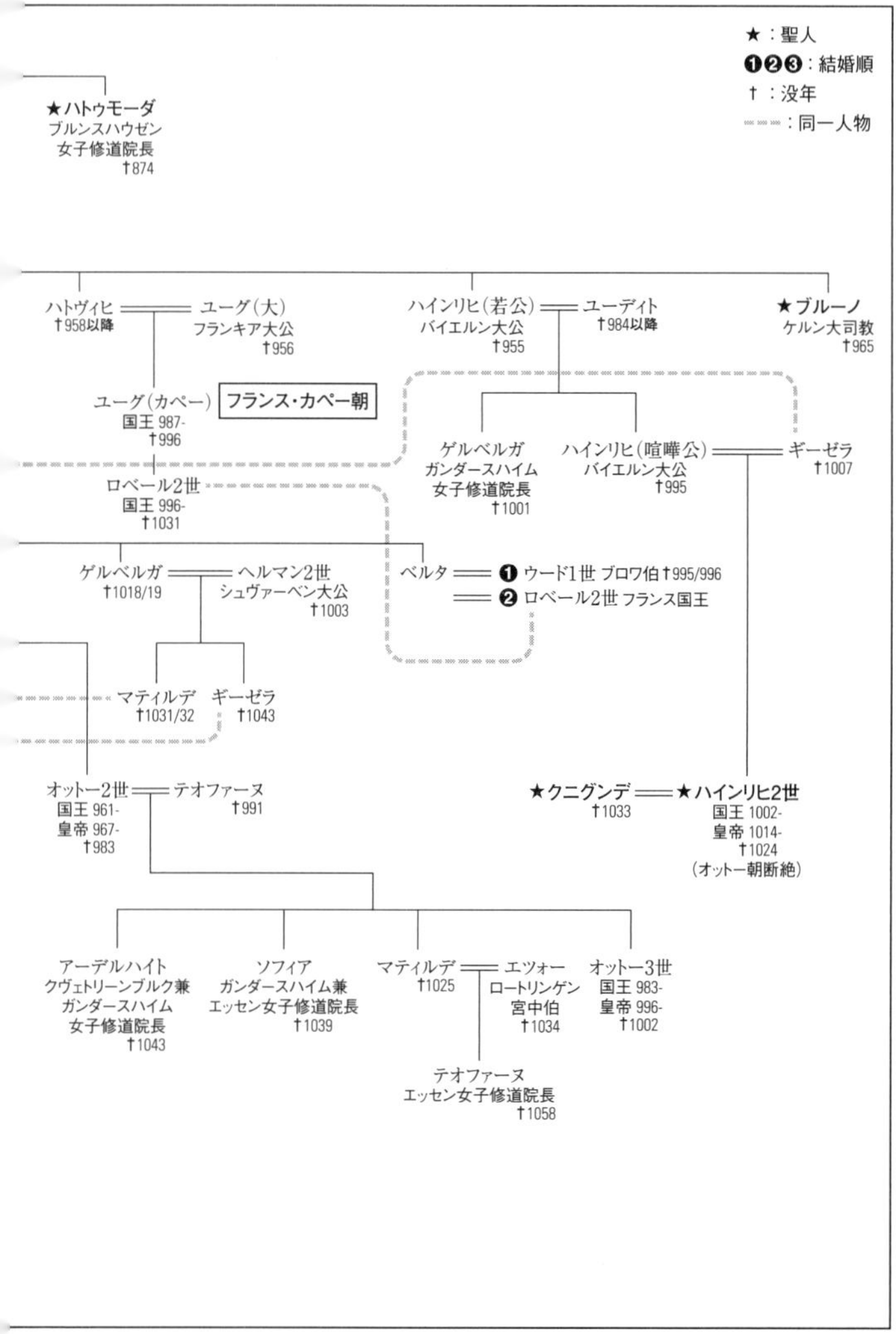
★：聖人
❶❷❸：結婚順
†：没年
：同一人物
★ハトゥモーダ
ブルンスハウゼン
女子修道院長
†874
ハトヴィヒ
†958以降
ユーグ(大)
フランキア大公
†956
ハインリヒ(若公)
バイエルン大公
†955
ユーディト
†984以降
★ブルーノ
ケルン大司教
†965
ユーグ(カペー)
国王 987-
†996
フランス・カペー朝
ゲルベルガ
ガンダースハイム
女子修道院長
†1001
ハインリヒ(喧嘩公)
バイエルン大公
†995
ギーゼラ
†1007
ロベール2世
国王 996-
†1031
ゲルベルガ
†1018/19
ヘルマン2世
シュヴァーベン大公
†1003
ベルタ
❶ ウード1世 ブロワ伯 †995/996
❷ ロベール2世 フランス国王
マティルデ
†1031/32
ギーゼラ
†1043
オットー2世
国王 961-
皇帝 967-
†983
テオファーヌ
†991
★クニグンデ
†1033
★ハインリヒ2世
国王 1002-
皇帝 1014-
†1024
(オットー朝断絶)
アーデルハイト
クヴェトリーンブルク兼
ガンダースハイム
女子修道院長
†1043
ソフィア
ガンダースハイム兼
エッセン女子修道院長
†1039
マティルデ
†1025
エツォー
ロートリンゲン
宮中伯
†1034
オットー3世
国王 983-
皇帝 996-
†1002
テオファーヌ
エッセン女子修道院長
†1058

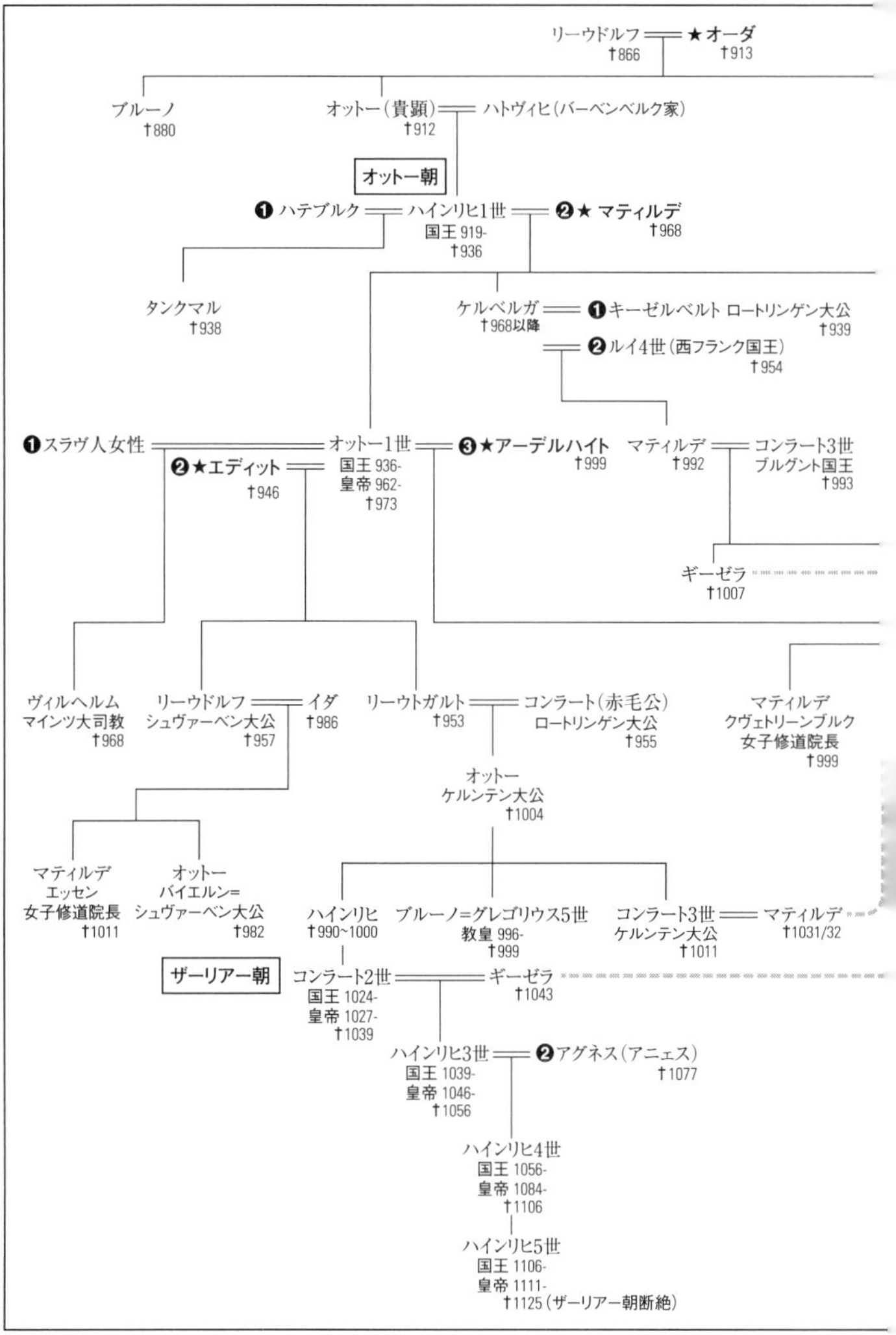

系図１　オットー朝とザーリアー朝

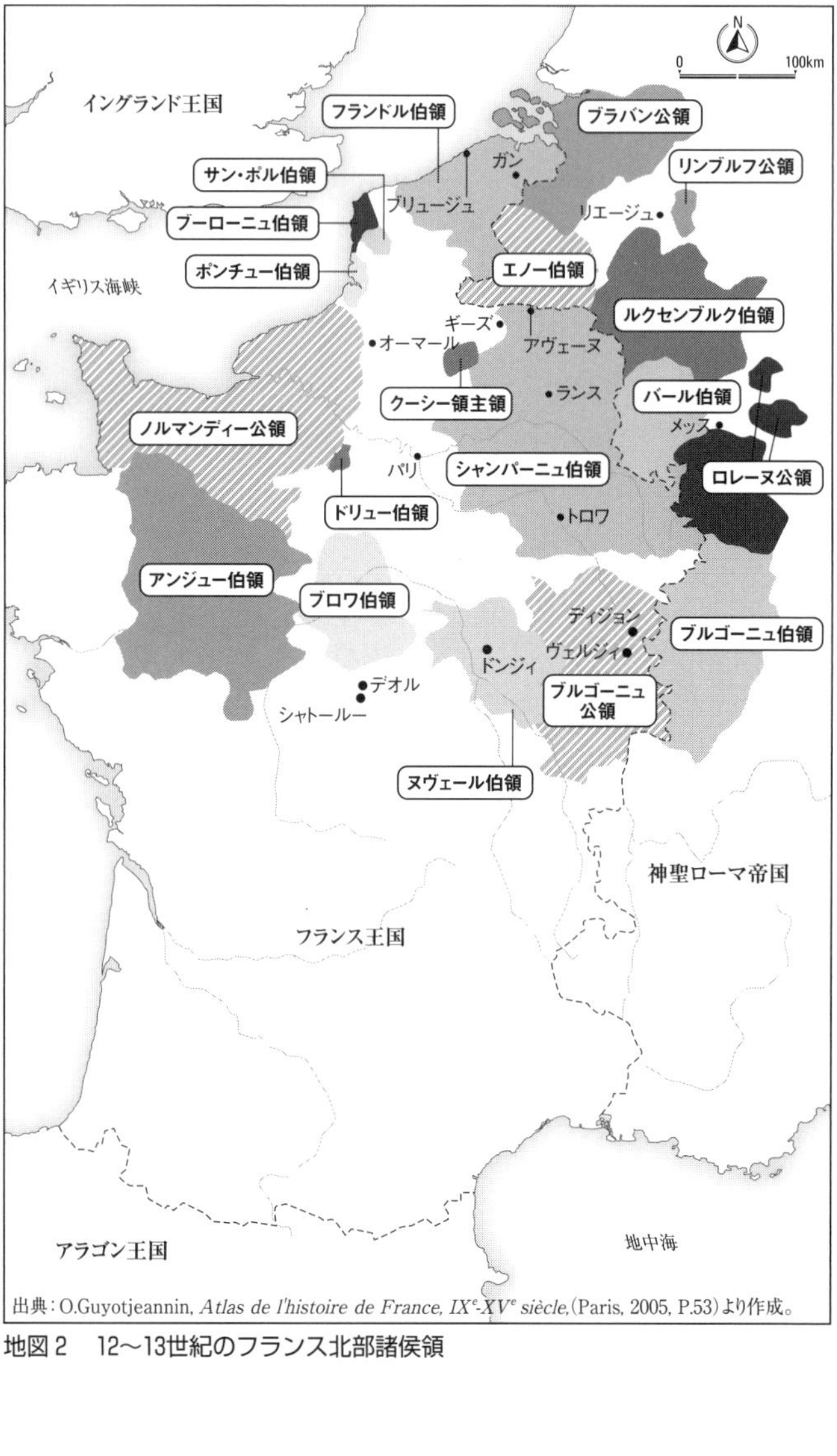

出典：O.Guyotjeannin, *Atlas de l'histoire de France, IXe-XVe siècle,*(Paris, 2005, P.53)より作成。

地図2　12〜13世紀のフランス北部諸侯領

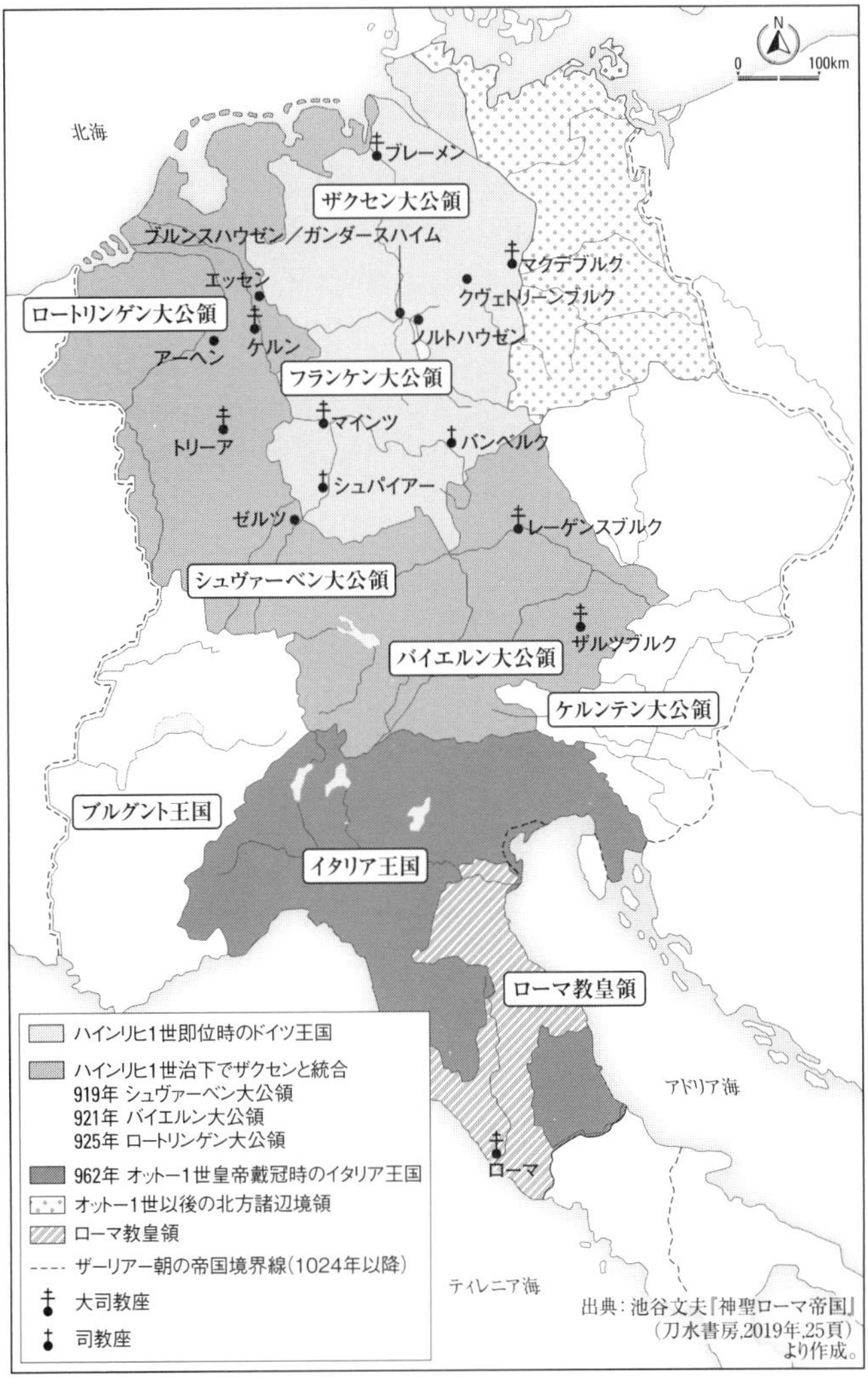

出典：池谷文夫『神聖ローマ帝国』(刀水書房,2019年,25頁)より作成。

地図1　オットー朝とザーリア朝時代のドイツ

femme, le pouvoir et la ville au XIIIe siècle, Luxembourg, 1994.
Flori, J., *Aliénor d'Aquitaine. La reine insoumise*, Paris, 2004.
Dessaux, N., (dir.), *Jeanne de Constantinople, comtesse de Flandre et de Hainaut*, Paris/Lille, 2009.
Kupper, J.-L., 'Mathilde de Boulogne, duchesse de Brabant (†1210)', *Femmes, mariages-lignages, XIIe–XIVe siècles. Mélanges offerts à Georges Duby*, Bruxelles, 1992, pp. 233–255.
Nieus, J.-F., 'Élisabeth Candavène, comtesse de Saint-Pol (†1240/1247): une héritière face à la couronne', dir. E. Bousmar, J. Dumont, A. Marchandisse & B. Schnerb, *Femmes de pouvoir, femmes politiques durant les derniers siècles du Moyen Âge et au cours de la première Renaissance*, Bruxelles, 2012, pp. 185–210.
Sivéry, G., *Blanche de Castille*, Paris, 1990.
Turner, R. V., *Eleanor of Aquitaine. Queen of France, queen of England*, New Haven (Ct)/London, 2009.
Vones-Liebenstein, U., *Eleonore von Aquitanien. Herrscherin zwischen zwei Reichen*, Zürich, 2000.
Zey C., (dir.), *Mächtige Frauen? Königinnen und Fürstinnen im europäischen Mittelalter (11.–14. Jahrhundert)*, Ostfildern, 2015.
阿河雄二郎・嶋中博章編『フランス王妃列伝――アンヌ・ド・ブルターニュからマリー＝アントワネットまで』昭和堂，2017年
井上浩一『ビザンツ皇妃列伝――憧れの都に咲いた花』筑摩書房，1996年
上田耕造「ブルボン公妃アンヌ――一五世紀末から一六世紀初頭のブルボン家を支えた公妃の仕事」『関西大学西洋史論叢』21，2019年，107〜126頁
渡辺一夫『戦国明暗二人妃』中央公論社，1972年
同『世間噺・戦国の公妃』筑摩書房，1973年
同『世間噺・後宮異聞――寵姫ガブリエル・デストレをめぐって』筑摩書房，1975年
G・デュビー『十二世紀の女性たち』新倉俊一・松村剛訳，白水社，2003年
E・エンネン『西洋中世の女たち』阿部謹也・泉眞樹子訳，人文書院，1992年
R・ペルヌー『十字軍の女たち』福本秀子訳，パピルス，1992年
同『王妃アリエノール・ダキテーヌ』福本秀子訳，パピルス，1996年

Corbet, P., 'Interdits de parenté, hagiographie et politique. La *passio Friderici episcopi Traiectensis* (ca. 1024)', *Ius commune. Zeitschrift für europäische Rechtsgeschichte*, 1996, vol. XXIII, pp. 1–98.

Daudet, P., *Etudes sur l'histoire de la juridiction matrimoniale. L'établissement de la compétence de l'Eglise en matière de divorce et de consanguinité (France, Xe–XIIe siècles)*, Paris, 1941.

Fleury, J., *Recherches historiques sur les empêchements de parenté dans le mariage canonique des origines aux fausses décrétales*, Paris, 1933.

Kessler, D. von, *Der Eheprozess Ottos und Irmingards von Hammerstein. Studie zur Geschichte des katholischen Eherechts im Mittelalter*, Berlin, 1923 (rééd., Vaduz, 1965).

Ubl, K., *Inzestverbot und Gesetzgebung. Die Konstruktion eines Verbrechens (300–1100)*, Berlin, 2008.

木津隆司「西欧中世系図法の形成過程――西欧中世文化形成の一側面」『北海学園論集』36，1980年，83～111頁

同「中世ヨーロッパにおけるキリスト教と世俗社会――婚姻をめぐる闘い」『北海学園論集』37，1980年，1～51頁

桑野聡「中世ヨーロッパのキリスト教と結婚問題」『郡山女子大学紀要』38，2002年，33～59頁

12～13世紀における女性と政治権力――東部フランス諸侯領の場合

Corbet, P., 'Entre Aliénor d'Aquitaine et Blanche de Castille. Les princesses au pouvoir dans la France de l'Est', dir. C. Zey, *Mächtige Frauen?*, Ostfildern, 2015, pp. 225–247.

Duby, G., *Le chevalier, la femme et le prêtre. Le mariage dans la France féodale*, Paris, 1981. G・デュビー『中世の結婚――騎士・女性・司祭』篠田勝英訳，新評論，1984年

Duby, G. et M. Perrot (dir.), *Histoire des femmes en Occident. II. Le Moyen Age*, Paris, 1991. G・デュビィ，M・ペロー監修『女の歴史 II』全２巻，杉村和子・志賀亮一監訳，藤原書店，1994年

Duby, G., 'Women and Power', ed. T. N. Bisson, *Cultures of power. Lordship, Status, and Process in Twelfth-Century Europe*, Philadelphia, 1995, pp. 69–85.

Ermesinde et l'affranchissement de la ville de Luxembourg. Etudes sur la

読者のための参考文献

オットー朝皇帝一族における家族関係

Althoff, G., *Die Ottonen. Königsherrschaft ohne Staat*, Stuttgart, 2000.
Beumann, H., *Die Ottonen*, Stuttgart, 1997.
Corbet, P., *Les saints ottoniens. Sainteté dynastique, sainteté royale et sainteté féminine autour de l'an Mil*, Sigmaringen, 1986.
Fössel, A., *Die Königin im mittelalterlichen Reich. Herrschaftsausübung, Herrschaftsrechte, Handlungsspielraüme*, Stuttgart, 2000.
Folz, R., *La naissance du Saint-Empire*, Paris, 1967.
Keller, H., *Die Ottonen*, München, 2001.
Keller, H., et G. Althoff, *Die Zeit der späten Karolinger und der Ottonen. Krisen und Konsolidierungen, 888–1024*, Stuttgart (Gebhardt. Handbuch der deutschen Geschichte, Band 3), 2008.
Körntgen, L., *Ottonen und Salier*, Darmstadt, 2002.
Le Jan, R., *Famille et pouvoir dans le monde franc. Essai d'anthropologie sociale*, Paris, 1995.
Leyser, K. J., *Rule and Conflict in an Early Medieval Society. Ottonian Saxony*, London, 1979.
MacLean, S., *Ottonian Queenship*, Oxford, 2017.
三佐川亮宏『ドイツ史の始まり――中世ローマ帝国とドイツ人のエトノス生成』創文社，2013年
同『紀元千年の皇帝――オットー三世とその時代』刀水書房，2018年
山田欣吾「第３章　ザクセン朝下の「王国」と「帝国」」成瀬治・山田欣吾・木村靖二編『世界歴史大系・ドイツ史』第１巻，山川出版社，1997年，111～152頁

中世の教会と結婚――夫婦間における血縁関係禁止の問題

Avignon, C., 'Les stratégies matrimoniales des premiers Capétiens à l'épreuve des prohibitions canoniques (XIe–XIIIe siècles)', éd. M. Aurell, *Les stratégies matrimoniales (IXe–XIIIe siècle)*, Turnhout, 2013, pp. 77–98.
Corbet P., *Autour de Burchard de Worms. L'Église allemande et les interdits de parenté (IXème–XIIème siècle)*, Frankfurt am Main 2001.

animo. Mélanges d'histoire médiévale offerts à Michel Bur, éd. P. Corbet et J. Lusse, Langres, D. Guéniot, 2009, pp. 17–71.

« Les statues de sainte Syre et sainte Flore (XVIe siècle) de l'église de Puellemontier. Histoire et style », *Art et artistes en Haute-Marne, XVe-XIXe siècle. Actes du 1er colloque biennal des Cahiers haut-marnais, octobre 2014*, éd. P. Corbet, A. Morgat et S. Mourin, Chaumont, Le Pythagore, 2016, pp. 54–65.

論文

« Les collégiales comtales de Champagne (vers 1150–vers 1230) », *Annales de l'Est*, 1977, n° 3, pp. 195–241.

« Les modèles hagiographiques de l'an Mil », *Hommes et sociétés dans l'Europe de l'An Mil*, éd. P. Bonnassie et P. Toubert, Toulouse, Presses Universitaires du Mirail, 2004, pp. 379–387.

« Henri de Carinthie, évêque de Troyes (1145–1169). Un Cistercien entre France et Empire », *Comptes rendus de l'Académie des Inscriptions et Belles-Lettres*, janvier-mars 2013, pp. 469–487.

« Entre Aliénor d'Aquitaine et Blanche de Castille. Les princesses au pouvoir dans la France de l'Est », *Mächtige Frauen? Königinnen und Fürstinnen im europäischen Mittelalter (11.–14. Jahrhundert), (Konstanzer Arbeitskreis für mittelalterliche Geschichte, 21–24 September 2010)*, dir. Cl. Zey, *Vorträge und Forschungen*, Band LXXXI, Ostfildern, J. Thorbecke Verlag, 2015, pp. 225–247.

« Quand disparut le monastère féminin du Der ? L'éphémère communauté monastique champenoise de Puellemontier (dernier quart du VIIe siècle) », *Revue d'histoire de l'Eglise de France*, t. 102, 2016, pp. 241–256.

« À propos du schisme de 1159: la parenté bléso-champenoise de l'antipape Victor IV », *Francia*, Vol. 45, 2018, pp. 329–337.

« Le mariage en Germanie ottonienne d'après Thietmar de Mersebourg », in *La femme au moyen-âge*, éd. M. Rouche et J. Heuclin, Maubeuge, Publication de la Ville de Maubeuge, 1990, pp. 187–213.

« L'autel portatif de la comtesse Gertrude de Brunswick (vers 1040). Tradition royale de Bourgogne et conscience aristocratique dans l'Empire des Saliens », *Cahiers de civilisation médiévale*, 1991, n° 2, pp. 97–120.

« Interdits de parenté, hagiographie et politique. La *passio Friderici episcopi Traiectensis* (ca. 1024) », *Ius commune. Zeitschrift für europäische Rechtsgeschichte*, 1996, Vol. XXIII, pp. 1–98.

« Le culte de saint Hilaire de Poitiers et l'histoire de l'Eglise et du peuplement dans la Champagne et la Lorraine médiévales », *Ex*

パトリック・コルベ主要著作

著書

Les saints ottoniens. Sainteté dynastique, sainteté royale et sainteté féminine autour de l'an Mil, Sigmaringen, J. Thorbecke Verlag, 1986 (*Beihefte der Francia* publié par l'Institut historique allemand de Paris, 15), 288 p.

*Autour de Burchard de Worms. L'Église allemande et les interdits de parenté (IX*ème*-XII*ème *siècles)*, Frankfurt am Main, V. Klostermann, 2001 *(Ius commune. Sonderhefte, Veröffentlichungen des Max-Planck-Instituts für Europäische Rechtsgeschichte)*, 364 p.

編集

Corpus de la statuaire médiévale et Renaissance de la Champagne méridionale, 9 volumes parus, Langres, D. Guéniot, 2003–2012, puis Nancy, PUN-EUL, 2016–2020 (avec P. Sesmat, puis J.-L. Liez) [Prix Auguste-Prost de l'Académie des Inscriptions et Belles-Lettres 2011].

編著書

*Les moines du Der, 673–1790. Actes du colloque international d'histoire, Joinville-Montier-en-Der, 1*er*-3 octobre 1998*, Langres, D. Guéniot, 2000, 728 p.

(direction, avec M. Goullet et D. logna-Prat) *Adélaïde de Bourgogne. Genèse et représentations d'une sainteté impériale, Actes du colloque international du Centre d'Études Médiévales (Auxerre, 10 et 11 décembre 1999)*, Paris/Dijon, CTHS-Editions Universitaires de Dijon, 2002, 230 p.

(direction, avec P. Demouy), *Un homme, un livre au XI*ème *siècle. Le prévôt Odalric et le manuscrit 15 de la Bibliothèque municipale de Reims. Actes du colloque de Reims, 17–18 juin 2005*, Travaux de l'Académie nationale de Reims, Vol. 142, 2015, 225 p.

パトリック・コルベ(Patrick Corbet)

1950年，ピュエルモンティエ(フランス，オート・マルヌ県)生まれ

ランス大学で学んだ後，1974年，歴史学高等教育教授資格《アグレガシオン》を取得

1978-84年，ナンシー第二大学助手

1984年，歴史学博士(ナンシー第二大学)

1984-99年，ナンシー第二大学准教授

1998年，大学教授資格《アビリタシオン》(ナンシー第二大学)を取得

1999-2017年，ナンシー第二大学(1999年からロレーヌ大学)教授

2017年，ロレーヌ大学名誉教授

2011-16年，歴史科学研究委員会 CTHS 中世史部門代表

2016年から，フランス学士院碑文文芸アカデミー通信会員

2018-19年，アカデミー・ド・スタニスラス(ナンシー)院長

堀越宏一　ほりこし こういち(編訳者)
1957年生まれ。早稲田大学教育・総合科学学術院教授
主要著書:『中世ヨーロッパの農村世界』(山川出版社 1997),『中世ヨーロッパ生活誌(NHK カルチャーアワー・歴史再発見)』(日本放送版協会 2008),『ものと技術の弁証法(「ヨーロッパの中世」 第5巻)』(岩波書店 2009), *L'industrie du fer en Lorraine (XII*[e]*-XVII*[e] *siècles)*, Langres (France), Editions Dominique Guéniot, 2008 (2008年, フランス学士院碑文文芸アカデミー, ガブリエル・オーギュスト・プロスト賞受賞)

YAMAKAWA LECTURES
10

中世《ちゅうせい》ヨーロッパの妃《きさき》たち

2021年２月20日　第１版１刷　印刷
2021年２月25日　第１版１刷　発行

著者　パトリック・コルベ

編者　堀越宏一《ほりこしこういち》

発行者　野澤武史

発行所　株式会社山川出版社
〒101-0047 東京都千代田区内神田1-13-13
電話03(3293)8131(営業)8134(編集)
https://www.yamakawa.co.jp/
振替00120-9-43993

印刷所　明和印刷株式会社

製本所　株式会社ブロケード
装幀　菊地信義

Printed in Japan ISBN978-4-634-47510-6